LOS CÍRCULOS PRO BIENESTAR TOTAL

LOS CÍRCULOS PRO BIENESTAR TOTAL

Una propuesta para el cambio:
El desarrollo social y económico
que nos merecemos

SANTIAGO J. GARCÍA

Número de Control de la Biblioteca del Congreso de EE. UU.:   2018907073
ISBN: Tapa Dura   978-1-5065-2564-8
                Tapa Blanda   978-1-5065-2565-5
                Libro Electrónico   978-1-5065-2563-1

Este libro es una obra de no ficción. A menos que se indique lo contrario, el autor y el editor no hacen ninguna garantía explícita en cuanto a la exactitud de la información contenida en este libro y en algunos casos, los nombres de personas y lugares se han modificado para proteger su privacidad.

Información de la imprenta disponible en la última página.

Fecha de revisión: 09/07/2018

Para realizar pedidos de este libro, contacte con:
Palibrio
1663 Liberty Drive, Suite 200
Bloomington, IN 47403
Gratis desde EE. UU. al 877.407.5847
Gratis desde México al 01.800.288.2243
Gratis desde España al 900.866.949
Desde otro país al +1.812.671.9757
Fax: 01.812.355.1576
ventas@palibrio.com
781155

ÍNDICE

PROLOGO

Creer es el primer paso para crear.

El autor en este libro, abre las puertas de su imaginación y mezcla la ficción con la realidad que vive, dando paso a una nueva propuesta de vida.

El lector, tiene la oportunidad de experimentar entrar en lo más profundo de su alma y conectarse con los anhelos de su corazón, de vivir una vida en la que hay bienestar total, en otras palabras, Salud, Dinero y Amor.

Un libro corto, interesante y ameno, que te presenta paradigmas actuales y te reta a transformarlos, recreándote por medio de un grupo de apoyo en Los Círculos Pro Bienestar Total.

Por Yadira García

COMENTARIOS

"*Santiago García es un ser de gran calidad humana, que siempre ha estado al servicio de los que los necesiten. Un creyente en Dios, y este texto que ahora presenta intenta llevar ayuda a los que participen de estas novedosas ideas que él nos propone. Qué la lectura de este libro no se quede sólo en eso, sino que los lleve a participar en estos Círculos y a mejorar sus vidas con Salud, Dinero y Amor.*

Dios los bendiga: *Belkis Cuza Malé*"

A mi querido amigo Santiago,

Compartir esta experiencia de mi vida con mi amigo Santiago ha sido uno de los momentos más importantes de mi vida, horas de amena conversación y de "filosofar" buscando las respuestas a muchas de nuestras preguntas, nos llevó a ir moldeando en nuestra mente y en nuestro corazón la idea que podía existir algo mayor, una mejor forma de vida donde se pudiera obtener y disfrutar de la felicidad, de la plena salud y de la libertad económica. ¿Porque solo un pequeño número de personas en el mundo tienen a su alcance el disfrutar de una buena salud? ¿Porque solo un puñado de personas disfrutan de la riqueza económica?, ¿acaso no fue todo creado por Dios para sus hijos? ¿Entonces porque solo unos pocos lo disfrutan?

Y ¿si existiera una forma, un sistema que pudiera unir a muchas personas para lograr una fuerza de "consumo"? así como existe una fuerza que domina la "fabricación de productos y servicios" ¿y si existiera un sistema que uniera a muchos para poder disfrutar de la riqueza en forma equitativa? ¡Tal vez muchos estarían interesados en participar en este sistema! Con esas y muchas preguntas fue surgiendo en la mente de Santiago la idea de formar un sistema que tuviera las respuestas a estas preguntas, y recuerdo que me dijo, ¿y si creáramos ese sistema? ¿Cree Saúl que tal vez esta forma de pensar es una locura? Y mi respuesta fue "si cree que puede hacer algo, se puede hacer, porque el principio de todas las cosas siempre ha comenzado creyendo en una idea"

Y así pasaron horas, días, meses y años en la vida de mi amigo Santiago para poner la estructura de Círculos, muchas horas de trabajo y dedicación y hoy con admiración veo que ha plasmado en esta obra lo que se convirtió en una misión de vida para él.

Un profundo reconocimiento por este trabajo de muchos años y mi apoyo incondicional para proclamar el mensaje de Círculos Pro bienestar Total.

Con todo mi corazón a mi querido amigo Santiago, Gracias muchas Gracias y Felicidades por este libro.

Atte.:   Saúl Rodríguez

Conocer al autor desde nuestra adolescencia, me permite entender la filosofía de este libro; Amigo, hijo, esposo, padre y empresario amado y respetado. Guerrero de mil batallas, conciliador como pocos, pero sobre todo comprometido con la verdad de sus acciones. Es así como convierte ese compromiso con todos, en este hermoso legado personal de sus experiencias vividas, humana y profesionalmente.

Círculos Pro Bienestar Total, dan a todo aquel que vive y ha vivido con ilusión y honestidad, una justificación plena a sus esfuerzos y una perspectiva de vida distinta, en que, si bien lo material es importante, potenciando el poder que como consumidor tenemos, es más importante el "TODO" que da la felicidad.

No es algo utópico como pudiera pensarse, es algo real y tangible que el autor, muchos allegados a él y seguramente muchos lectores, hemos experimentado en nuestra vida. No es algo ficticio, sino una parábola que exhibe a los grupos de poder, que ejercen ese poder y control de una manera inmoral sobre la población. Pero lo que sí es, una muestra sincera de la esperanza humana y de la creencia en un mejor mañana para nuestros hijos.

¡Enhorabuena Amigo!   *Sergio A. Puerto Borges*

Este libro tiende a animar a los lectores a levantar sus mentes y sus ojos más allá de lo simple y de las formas de vivir diariamente, es lo que intenta el escritor con este gran ensayo con palabras tiernas y elegantes y a la vez llenas de sabiduría.

No cabe duda que su escritor ha derramado muchas horas y tiempo presentando todo un plan que ayudara a entrar a cualquiera que lo lea.

Y al final el lector se llevara una sorpresa grande de la obra de este gran personaje que escribe, que para a mí ha sido de mucha bendición.

Felicito al escritor por ser atento y fiel a su palabra que comparte con todo mundo.

Dr. David Chávez de León

INTRODUCCION: COMO INICIO TODO

A través de conversaciones con mi amigo Saúl, y en la búsqueda de respuestas a preguntas aún sin resolver acerca del porqué de las diferencias sociales y económicas entre la gente, fue que nos fuimos sumergiendo en lo que a la postre resulto en la publicación de este libro.

No podíamos entender por qué existiendo tanta abundancia en este mundo, la distribución de la riqueza estuviera tan mal repartida.

No aceptábamos la idea de que éramos el resultado de "la ley del más fuerte".

Estábamos convencidos, que aunque el Capitalismo como el sistema económico imperante en nuestro país y la mayor parte del mundo había hecho posible el progreso, no podíamos aceptar el nivel de competencia tan "feroz" existente como necesario para poder subsistir, ya que en la mayoría de las ocasiones, se violaban los más básicos derechos humanos.

Asimismo, creíamos que ni el socialismo, ni el comunismo, habían logrado traer justicia ni equidad a la sociedad.

Embarcados en estas preguntas, nos dimos a la tarea de investigar cual pudiera ser una mejor opción, y cuál debería ser el sistema adecuado y que, al mismo tiempo, hiciera posible que la sociedad se adaptara al cambio.

Capítulo I
EL BIENESTAR TOTAL

En el concepto de bienestar total creemos que se pueden encerrar todos y cada uno de los anhelos del ser humano.

Sabíamos que bienestar no solo significaba "estar bien".

Bienestar total ahora significa para nosotros y mucha gente lo siguiente:

1. Salud Física y Emocional
2. Abundancia Económica-Libertad Financiera
3. Relaciones enriquecedoras con los demás.

Salud, dinero y amor, desde siempre se ha dicho que son los elementos necesarios para la felicidad, y desde siempre se ha dicho que en la vida, es casi imposible contar con todos ellos a la vez.

"Podrás tener mucho dinero, pero quizás tu salud o las relaciones con los demás no se encuentren en su nivel óptimo"

"A lo mejor te encuentras rebosante de salud, sin embargo muy apenas te alcanza el mes para cubrir todas tus cuentas"

"Quizás tienes abundancia económica y salud física también, sin embargo, tus relaciones con los demás y tu salud emocional están hechas un caos".

La mayoría de las personas dan por sentado que la felicidad total nunca será posible alcanzarse, y si se alcanza será solo temporalmente.

Nosotros en Círculos, en nuestra organización, creemos que la felicidad se encuentra en el camino, en nuestra jornada hacia dichos objetivos en la vida. El poder identificar estos objetivos, nos mantienen entusiasmados en la búsqueda diaria y constante por alcanzarlos.

Antes, cuando no los habíamos identificado, nos manteníamos "en las sombras", vivíamos con un temor constante de no saber dónde estábamos ni hacia dónde íbamos.

Ahora, después de saber lo que significa el bienestar, podemos identificar para lo cual estaremos viviendo.

SALUD FISICA Y EMOCIONAL

La salud física y emocional siempre van de la mano. En estos tiempos "modernos", el stress es un factor que siempre tiene alguna ocurrencia o consecuencia en nuestra salud física.

Para que puedas alcanzar una salud optima, es necesario estar bien tanto física como emocionalmente.

En otras palabras, es necesario pensar en términos de "salud holística". "El todo siempre será mayor que las partes".

Hay quienes dicen que la salud es un estado mental más que fisiológico.

"*La salud es un estado de completo bienestar físico, mental y social, y no solamente la ausencia de afecciones o enfermedades.*" Wikipedia.

Existen toda una serie de actividades necesarias para mantener la salud:

Alimentación, ejercicio, estudio, descanso, suplementos naturales, escuchar música, diversión, embelesarte con el arte, meditar, practicar yoga, etc. etc.

Para cada una de las actividades mencionadas, se podrían dedicar enciclopedias enteras, y de hecho existen libros o manuales para llevarlas a cabo. No podemos decir que no sabemos qué hacer, ya que existe mucha información al respecto.

Para cada una de esas actividades ahora existe la intención entre los miembros de Círculos, de ilustrarse al respecto.

Ahora, ya nuestro enfoque en la vida de todos nosotros adquiere sentido.

Otra de las cosas por la cual es importante ser parte de nuestra organización en Círculos, es que difícilmente aislados, seriamos capaces de perseverar en nuestras intenciones. Siendo parte o formando parte de un grupo, existirá el "empuje" de impulsarnos unos con otros hacia nuestras metas.

Nuestro estado anímico no siempre está en su máxima capacidad. A veces nos encontramos con mucha energía, pero a veces nos encontramos totalmente "apagados". Como la montaña rusa, a veces estaremos en el punto más alto, y a veces en el punto más bajo.

El impulso de unos con otros estará disponible, ya que todos estamos claros en que es lo que buscamos, tenemos objetivos comunes y por lo tanto será más fácil estar dispuestos a apoyarnos.

No cabe duda que el vivir en comunidad, es "el santo grial" de la existencia.

Todo será posible si decidimos ser parte de una comunidad.

En nuestra Organización Círculos Pro Bienestar Total, no solamente tenemos la propuesta de ser parte de una comunidad, sino que también contamos con un sistema de trabajo que nos llevara en forma persistente y gradualmente a alcanzar cada uno de nuestros objetivos.

ABUNDANCIA ECONOMICA-LIBERTAD FINANCIERA

Otro de los aspectos incluidos en nuestro concepto de bienestar, es la Abundancia Económica-Libertad Financiera.

El Dinero se ha convertido en un elemento necesario para poder subsistir, es indispensable, sin él sería imposible vivir.

Leía en una ocasión en un artículo por internet, que actualmente lo único que falta por comercializar es el aire que respiramos, pero que muy pronto estaremos viendo como hasta por ello tendremos que pagar.

Los gobiernos y la iglesia, subsisten debido a nuestra participación a través de los impuestos y los diezmos, respectivamente.

Alimentación, Vivienda, Vestido, Educación, Servicios médicos y a toda la demás gama de servicios, se tiene acceso a ellos solamente si podemos pagarlos, de otra manera seria imposible adquirirlos. Es por eso que existe la pobreza.

Un pobre es todo aquel que no tiene para comer, no tiene donde vivir, no tiene que ponerse y nunca pudo asistir a la escuela para recibir ni siquiera la educación básica.

La pobreza es carencia, la ausencia, lo contrario de abundancia.

En este mundo tan abundante, no debiera de existir la pobreza. *El miedo y la ignorancia* son los causantes principales de la pobreza.

Para que las cosas sucedan es necesario la acción, sin la acción, la creación no se da.

Algunas veces podemos tener el conocimiento o la información, pero por miedo, no nos atrevemos a ponerlo en acción.

En otros casos se desconoce, no se tiene la información, permanecemos en la ignorancia, y esto también "el no saber qué hacer" nos mantiene sin acción, por lo tanto en la pobreza.

¿Cuál es la información o conocimiento que necesitamos tener para producir abundancia económica?

La respuesta a esta pregunta obviamente, debiera ser una respuesta que todos o por lo menos la gran mayoría de las personas desearíamos conocer.

No es algo "mágico" que sea necesario que suceda para que la abundancia económica se realice. Si así fuera, los "magos", serían las personas más ricas del planeta.

Aquí cabria hacernos otra pregunta ¿Qué significa la abundancia económica?

¿Acaso significa tener mucho dinero?

Entonces, si la abundancia económica significa "tener mucho dinero" ¿Qué necesitamos hacer o conocer para producir mucho dinero?

¿Qué es el dinero?

El dinero es resultado de un pacto social, donde todos aceptan entregar sus bienes o servicios a otros, a cambio de los símbolos monetarios (billetes, monedas, etc.); por lo tanto, el respaldo del dinero es la suma de los bienes y servicios de la Población; o sea, el Producto Interno Bruto o PIB. Wikipedia...

Lo cual quiere decir que tú puedes obtener cualquier bien o servicio disponible en el mercado, a cambio de intercambiarlo por tu dinero. Entre más dinero tengas, más puedes obtener.

Cada uno de nosotros podemos decidir o seleccionar entre una variedad de opciones, la forma en que queremos producir el dinero.

Se nos ha dicho que las más comunes dentro de lo legal son:

1. - Trabajando para otros
2. - Ejerciendo su profesión
3. - Estableciendo un negocio (Empresario)

TRABAJANDO PARA OTROS

El trabajar para otros es una de las opciones menos atractivas, y en la cual no disponemos de libertad para decidir el tiempo dedicado al trabajo ni los ingresos a obtener con esta actividad.

Prácticamente nos ponemos a la entera disposición de la compañía, o persona que nos está contratando. Son ellos los que "ponen las condiciones", lo único que nos queda a nosotros es aceptarlo o rechazarlo. En este tipo de actividad también ellos son los que deciden "la producción" que tienes que obtener en el tiempo por el cual te están pagando. En el caso que tú no puedas obtener la producción esperada, ellos tienen todo el derecho de desocuparte en el momento que les parezca más conveniente.

En este tipo de acuerdos "empleado-patrón" lo único que tiene importancia son los objetivos de la empresa o la persona que te contrato. Los sueños y aspiraciones del empleado no son del interés de la empresa y las necesidades de este, siempre estarán en segundo término.

Los días de descanso o de "asueto" y los horarios, también están determinados por ellos, y el empleado tendrá que ajustarse y hacer los cambios necesarios en su estilo de vida para poder cumplir con los requerimientos de dicho empleo.

Bajo estas condiciones nosotros no estamos de acuerdo en el slogan de que "el trabajo dignifica". En este tipo de acuerdos nosotros creemos que el "trabajo esclaviza".

No estoy exagerando en ningún sentido con esta expresión ya que la voluntad y las aspiraciones del empleado son totalmente irrelevantes para la empresa por la cual fuiste contratado.

La libertad de disponer de tu tiempo y los ingresos a obtener, siempre estarán bajo la voluntad de alguien más.

Los días que se trabajen son los únicos que recibirán pago. Si algún día no se trabaja, tampoco se espera recibir ningún pago.

"Si trabajas ganas, si no trabajas no ganas".

EJERCIENDO SU PROFESION

En esta segunda opción para obtener o producir ingresos, podemos decir que se encuentra en el siguiente nivel de progreso respecto al anterior.

Cuando las personas ejercen su profesión, la persona es libre de ocupar su tiempo como le plazca, sin embargo, dicha decisión va intrínsecamente ligada al ingreso que se desea obtener. A más tiempo dedicado al trabajo mayor ingreso se espera poder obtener y a menor tiempo, menor ingreso también.

La demanda de los usuarios de nuestra profesión, gradualmente se irán apoderando de nuestro tiempo. Entre más personas se encuentren satisfechas con nuestros servicios, se espera que más clientes o usuarios nos estarán buscando, lo cual con el tiempo pudiera también llevarnos a tener que dedicar más tiempo de nosotros de lo que quisiéramos atender.

El llevar a cabo esta actividad, implica que primero tendríamos que dedicar tiempo y esfuerzo a estudiar o practicar lo suficiente dicha actividad, antes de que podamos ofrecerla profesionalmente.

El grado de estudio y la práctica irán también paralelos a la calidad del servicio que prestaremos.

No todos los profesionales prestan el mismo servicio, ya que la calidad y eficiencia del mismo, siempre dependerá de su preparación.

Una mejor calidad en el servicio, nos permitirá obtener ingresos más altos también.

La generación de ingresos con esta opción, está íntimamente ligada con nuestra presencia. Solo el profesionista es quien puede prestar el servicio. Todos los demás siempre serán "ayudantes" y no se espera que puedan otorgar el mismo servicio que quien cuenta con el título y preparación para ello.

En esta opción como mencione al principio, se encuentra en un nivel superior al del trabajador o empleado, sin embargo también:

"si trabajas ganas, si no trabajas no ganas".

ESTABLECIENDO UN NEGOCIO (EMPRESARIO)

Las personas que se deciden a establecer un negocio, son personas "valientes", ya que los riesgos a los cuales pudiera llevarles esta decisión, pudieran tener consecuencias graves en algunas ocasiones.

Cualquier negocio por muy pequeño o rudimentario que sea siempre tendrá necesidad de lo siguiente:

1. - Inversión considerable de capital de trabajo
2. - Experiencia y conocimiento de lo necesario para funcionar eficazmente, y..
3. - Luchar continuamente con la competencia.

En cada uno de los anteriores aspectos, un error de cálculo pudiera llevarnos a fracasar.

La cantidad del ingreso a obtener, en un inicio también va proporcionalmente ligada al tiempo que le dediques. Generalmente durante los primeros dos a cinco años, tu presencia es esencial.

Es exactamente como si tuvieras "un bebe", durante los primeros años, esta "criatura" a la cual les has dado vida, no tendrá todo lo necesario para poder subsistir por sí misma.

Existe la ventaja de no haber limitantes en cuanto al ingreso a obtener, entre más grande y más clientes tengan en la empresa, los ingresos obtenidos, también serán mayores.

Con el correr del tiempo, ya la empresa no necesitara tanto de tu tiempo, pero sí de tu supervisión.

Mientras que no seas tú, el fundador de la empresa el que esté a cargo de la supervisión del funcionamiento de la empresa, del bebe que "tú has creado", el funcionamiento de esta, siempre estará sujeta a decaer, ya que ningún otra persona(s) tendrá(n) el 100% de interés en el funcionamiento eficaz de la misma.

Al caer este tipo de empresas, las consecuencias serán en proporción al crecimiento que se había obtenido.

Entre más grande haya sido, más personas y capital arrollara a su paso en su caída.

Lo más indicado en estos casos cuando el fundador o un heredero responsable no puedan ya hacerse cargo del funcionamiento o supervisión de la misma, se recomienda vender.

Cuando se ha construido una empresa de este tipo, es verdad, tu ingreso no dependerá más de tu presencia, ya que la actividad generadora de estos ingresos estará distribuida entre los "socios" o supervisores y empleados de la misma.

Aquí sí, aunque no trabajes como quiera seguirás ganando, sin embargo como decía antes, si tú ya no estarás al tanto, el riesgo de decaer es muy alto.

Uno de los ejemplos clásicos de todos conocidos es el caso de Apple Inc., la empresa que fue fundada por Steve Jobs y en la que con la participación de nuevos directores y la empresa crecer, Jobs mismo fue expulsado de la dirección aun en contra de su voluntad. Posteriormente tuvo que volver este (Jobs) para rescatar a la empresa de la quiebra, ya que ninguno de los directores que tomaron las riendas, la pudo sostener con el ritmo de crecimiento adecuado.

Como hemos visto, en todas las opciones conocidas para generar ingresos, prácticamente lo único que no se puede obtener es la libertad de tiempo. Unas ofrecen un potencial de ingresos más alto que las otras, sin embargo el tiempo para ocuparlo como uno lo desee queda restringido.

Capítulo 2

ABUNDANCIA ECONOMICA-LIBERTAD FINANCIERA

Existe un concepto, "Libertad Financiera", el cual significa que dispondremos no solo de dinero, sino también de tiempo para disfrutarlo.

En nuestra organización es uno de los objetivos, obtener la libertad financiera.

¿Pero cómo lograrlo?

Durante los últimos 60 años, se ha venido desarrollando lo que se conoce como mercadeo en redes, ventas directas o distribución interactiva.

Esta actividad es una de las opciones más atractivas actualmente para producir ingresos para todas las personas que no disponen ya de un gran capital como para participar en el cuadrante del inversionista que se describe en el cuadrante de la riqueza expuesto por Kiyosaki en su libro.

El mercadeo en redes, se presenta como la opción más adecuada para **la gran mayoría de las personas.**

No se requiere contar con conocimientos especializados (títulos universitarios), no se requiere de un capital considerable, solo una pequeña inversión al alcance de todo el mundo, no está restringido por edad, sexo, nacionalidad, país, idioma, estatus legal, o incapacidad física. Solo se requiere que seas mayor de edad (18 años).

En esta industria es donde han surgido el mayor número de "millonarios" entre sus participantes.

Si antes el alcanzar ingresar el millón (de dólares) en un año, era una meta casi imposible de logar para la gran mayoría de las personas, ahora en esta industria se está logrando.

En este momento quiero hacer una mención acerca de lo que entendemos por **Bienestar Total: Salud Física y Emocional, Abundancia Económica-Libertad Financiera y Relaciones Enriquecedoras con los demás.**

Lo hago con la intención de volver a poner los "pies" sobre la tierra, ya que al hablar de dinero, abundancia económica o libertad financiera pudiera parecer que es todo lo que necesitamos.

Muchas veces tendemos a pensar que con la plata, todo en la vida será posible obtener. Sin embargo al revisar lo que significa el Bienestar, nos damos cuenta de la exacta posición que ocupa el dinero en la vida de todas las personas: solo un elemento más.

Capítulo 3

RELACIONES ENRIQUECEDORAS
CON LOS DEMAS

La relación con otras personas es esencial, la única forma que podemos experimentar la vida, es a través de nuestra relación con otros.

En soledad, simplemente sería imposible vivir. Hemos venido a la vida a través de otro ser, nuestra madre, y esta, necesariamente tuvo que haber experimentado la relación con nuestro padre para nosotros haber sido concebidos.

La relación con otros es inevitable, por lo tanto, volviendo al tema que ahora nos ocupa (el bienestar total), el cómo dichas relaciones se encuentren, determinara nuestro grado de bienestar.

Cuando nosotros hablamos de tener relaciones enriquecedoras con los demás, estamos diciendo que tienen que enriquecernos, tienen que aportar un valor a la vida de cada uno, y con eso estamos hablando de que nuestro enfoque debe de estar en ello. Cuando cada uno de nosotros iniciamos una relación, lo que debe de estar en nuestra intención es ver como estaremos llevando ese algo de valor al otro.

El problema surge cuando dicho enfoque se tergiversa y no buscamos como llevar ese valor, sino que buscamos como obtener un valor del otro.

El pensar de esta manera, difícilmente hará que la relación nos lleve a experimentar un bienestar. Jamás estará en nuestro control el cómo obtener un valor de la otra persona.

Esto solamente puede darse cuando libre y voluntariamente se decide dar.

En nuestra relación con las otras personas, influyen una serie de circunstancias tan diversas que van marcando el cómo dicha relación se experimente.

Influyen factores tan obvios como el parentesco consanguíneo o político, la amistad, el trabajo, el sexo, la edad, las ideas, los gustos y preferencias, la patria, la ciudad, el barrio, el idioma, la raza, los intereses circunstanciales, los negocios, la religión, la empatía, la compasión, etc. etc. etc.

A pesar de ser tan diversos los factores mencionados, si no perdemos de vista lo que debe ser nuestro enfoque en cualquier relación **(otorgar valor),** nos será más sencillo alcanzar la riqueza en ellas.

No significa que constantemente estemos viendo cómo encontrar "cosas" para dar a los demás.

Habrá momentos en nuestras vidas que simplemente creemos que no tenemos nada para dar.

Momentos en que según las circunstancias que estemos viviendo, nos parece imposible ni tan siquiera atención poder brindarles a los otros.

Pero la riqueza en la vida precisamente se obtiene de la existencia de todas estas diferencias. Habrá momentos en que podemos dar y otros en que necesitamos recibir.

En otras palabras, las relaciones en la vida consisten del dar y recibir voluntariamente y con honestidad. Jamás se podrá exigir, coartar o persuadir a nadie para que de nada, ni tampoco, debiéramos rechazar nada que se nos otorgue de buena voluntad. Los problemas en las relaciones surgen precisamente de estas "disfunciones".

UNA REFLEXION DE LAS RELACIONES MÁS COMUNES

Quisiera hacer esta reflexión acerca de las relaciones más comunes:

Nuestra relación con Dios

La relación de los padres con sus hijos

La relación de los hijos con sus padres

La relación matrimonial

La relación con los hermanos y demás personas.

En nuestra relación con Dios, parece ser que es El la persona que siempre nos estuviera dando. La mayoría de nosotros reconocemos que en muchos momentos de nuestra vida, hemos recibido por su gracia, lo más valioso con lo que contamos en nuestra vida: La vida misma, los dones, las "gracias" y las circunstancias que nos facilitan la existencia.

Difícilmente podemos encontrar que darle a Dios, en algunas religiones se habla que debemos de rendirle obediencia y rendirle plegarias, pero yo sinceramente creo que Dios no necesita de ello. Se nos dice como una acción que nos permitirá a nosotros "sentirnos" cerca de Él, no porque sea algo que El necesite.

Entonces, lo que caracteriza a nuestra relación con Dios es que es una relación en la que siempre recibimos de Él, sin que haya necesidad de retribuirle.

En la relación de los padres con los hijos, también lo que más caracteriza a esta, es que mayormente son los padres los que constantemente están proveyendo. Es una decisión que se toma de entrega sin condiciones. Si alguna vez recibimos algo de nuestros hijos es una "bendición", sin embargo no es algo que como padres necesitemos para seguir dando.

También en esta relación vemos una relación en la que no es necesario que sea reciproca para que continúe existiendo.

En la relación de los hijos para con sus padres. Los hijos de los padres constantemente están recibiendo, en contadas ocasiones los hijos estarán dando a sus padres, sin embargo todo aquello que recibieron de sus padres, estos a su vez, lo darán a sus propios hijos.

Para que un ser humano pueda alcanzar la gracia de dar sin condiciones, tuvo que haber pasado un tiempo considerable recibiendo, para que este a su vez, lo entregue a los demás.

En la relación matrimonial, es una relación en que el dar y el recibir se puede apreciar con más claridad. Es una relación en la que el dar y el recibir fluye constantemente de uno hacia el otro. No es un dar y recibir en donde la regla sea un "50-50", sino que en dicha relación siempre existe el 100%.

Creo que este tipo de relación es la que más puede servir de ejemplo para el ser humano. Por eso creo que se le da la calidad de "Sacramento" dentro de la iglesia católica. Sacramento significa "señal del amor de Dios".

La relación con los Hermanos y demás personas. En estas relaciones, el hecho de "dar" está un poco más ausente. En el interactuar con estas personas nos permite irlas conociendo y así de esa manera aprendemos a amarlas.

La competencia, es el aspecto que juega un papel más importante en estas relaciones. Y aunque es competencia, desde un aspecto o punto de vista positivo, esto representa el reto a cada uno para ser mejores. Un desafío para esforzarnos en mejorarnos cada día.

Como hemos visto las relaciones con los demás siempre serán parte esencial en nuestra búsqueda del bienestar total.

El hecho de mejorarnos cada día, nos permitirá tener siempre más para seguir dando, y así de esa manera enriquecer a los demás al entregarles siempre algo de valor a sus vidas.

Capítulo 4
LOS SISTEMAS SOCIALES

Un sistema, como concepto general, es un conjunto de elementos interrelacionados e interactuantes entre sí, con normas y directrices invariables para que el mismo perdure. Wikipedia.

Después de ver el significado de sistema descrito en Wikipedia, nos preguntamos ahora que significan: Los Sistemas Sociales?

En ciencias sociales se utiliza el concepto de sistema social para cualquiera de sus disciplinas integrantes como: Economía, Sociología, Política, Antropología, Ecología, Derecho.

Cualquiera de las disciplinas mencionadas son sistemas sociales y en lo que a esta obra es pertinente: ***"El desarrollo social y económico que nos merecemos"*** será sobre lo que nos extenderemos en este capítulo.

La sociedad y economía en la cual nos desarrollamos actualmente en los EEUU y en la mayoría de los países donde existen gobiernos democráticos, creemos que aún falta mucho por avanzar.

Aún dista mucho de poder decir que tenemos "el sistema perfecto", ya que desde el punto de vista de la "justicia", la gran mayoría de los seres vivientes; humanos, animales y vegetación, aun no estamos experimentando lo que realmente merecemos.

Y que es realmente "lo que nos merecemos"?

Podemos decir que lo que nos merecemos es vivir la vida en plenitud y abundancia.

Plenitud significa lo máximo, lo más y mejor que se puede encontrar.

Abundancia: En Wikipedia se define abundancia como "gran cantidad de algo, particularmente de dinero" la cual se refiere a: La Riqueza es la abundancia de recursos valorables, posesiones materiales o el control de tales activos.

En este libro hablamos del desarrollo social y económico que nos merecemos. Para que exista desarrollo es necesario que exista un sistema y es precisamente sobre ese sistema al que nos referimos, cuando hablamos de Círculos Pro Bienestar Total.

El Sistema para los Círculos Pro-Bienestar

1. - DESCRIPCION DEL SISTEMA
2. - OBJETIVOS DEL SISTEMA
3. - ELEMENTOS DEL SISTEMA
4. - UNA EXPLICACION AMPLIA DEL SISTEMA, ORIGEN Y RAZON DE SER

Descripción del Sistema:

El sistema se inicia mediante la promoción y coordinación de los Círculos Pro-Bienestar.

Estos círculos son grupos pequeños de 5 a 10 personas máximo, que se reúnen una vez cada semana en las casas de cada uno de los integrantes, para compartir y apoyarse mutuamente para alcanzar el bienestar en algunos aspectos de la vida bien definidos en nuestro sistema.

Se designa una persona diferente cada semana para que se prepare y reúna información del tema de interés seleccionado por ellos mismos y lo presente al grupo.

Después de presentar el tema, se harán una o dos preguntas referentes al tema presentado, para que los asistentes compartan sus respuestas en el grupo.

Existirá un líder de grupo, el cual se estará preparando adicionalmente mediante reuniones de entrenamiento con todos los dirigentes.

Cada mes se espera que se dupliquen en otros grupos similares. Los cuáles serán dirigidos por los líderes surgidos del mismo grupo.

Objetivos del Sistema:

Los objetivos del sistema son 3:

A).-Alcanzar Mejoría o Bienestar a través del apoyo compartido, en los siguientes aspectos de la vida:

1. - SALUD
2. - DINERO y
3. - RELACIONES FAMILIARES Y SOCIALES.

B).- Dar la oportunidad a todos los interesados en los grupos, de convertirse en profesionales en la Industria del

"Network Marketing" para que utilicen adecuadamente las empresas o vehículos existentes, en Grupos Grandes o Bloques de personas..

C).- Crear una Potencia Económica y Social en el Mundo para beneficio de la Sociedad misma.

Elementos del Sistema:

a).- Las Personas;   b).- La Tecnología;
c).- La Organización;   d).- La Perseverancia.

Una explicación amplia, los orígenes y la razón de ser del Sistema.

A través del tiempo en mis 61 años de existencia, la vida se ha encargado de darme un mensaje: "La vida es bella y digna de vivirse plenamente".

Desde la edad de 20 años han llegado a mí, diferentes empresas con oportunidades de "network marketing".

Con cada una de ellas se iniciaba una época de esperanzas renovadas e ilusiones de alcanzar un "nuevo estilo de vida" o "la independencia financiera" que todas y cada una ellas proclamaban.

Sin embargo, después de 1 a 5 años de militar en cada una de dichas empresas, todo aquel entusiasmo creado en sus inicios, comenzaba a desvanecerse poco a poco hasta que finalmente decidía retirarme por completo de ellas, y continuaba dedicándome a la "triste" realidad de luchar en un mundo feroz y competitivo con un trabajo o con un pequeño negocio para generar los ingresos que medianamente nos permitieran seguir viviendo dignamente.

Sin embargo y gracias a mi capacidad analítica pude ir analizando y aprendiendo de todas y cada una de las empresas en las que había participado, empresas de "network marketing" o de otro tipo.

Y volviendo a la proclamación de la empresas de "network marketing", pude darme cuenta que la mayoría de ellas no hacían ESFUERZOS REALES para que todos y cada uno de los que participaban, alcanzaran el nuevo estilo de vida o la independencia financiera que proclamaban, sino que todo se reducía a que aquellos que lograran inscribir el mayor número de personas o que lograran que sus clientes consumieran grandes cantidades de producto, son las que venían siendo reconocidas y compensadas con su equivalente económico, sin embargo en el trayecto se despreciaba o se ignoraba a todos aquellos que por diferentes razones no habían alcanzado "triunfar" en la empresa.

Con base en lo anterior podemos darnos cuenta que las empresas de "network marketing" mercadeo en red, en sus actividades DESDE EL PUNTO DE VISTA DE LAS EMPRESAS siempre estarán encaminadas a buscar generar las mayores ventas posibles a través del esfuerzo y las esperanzas fallidas de muchas personas que se quedaron en el camino, que les llevaron clientes, y que dieron a conocer sus productos a grandes masas de la población, pero que sin embargo, la compensación que recibieron fueron cantidades mínimas que no les dio ni el "nuevo estilo de vida" ni "la independencia financiera" que se les prometió.

Sin embargo, las empresas que utilizan este sistema de mercadeo en red, representan una verdadera oportunidad, única en el mundo, a diferencia de todas las demás que no tienen este sistema de mercadeo.

En estas empresas para triunfar no necesitas tener un específico grado de estudios, no necesitas ser un excelente vendedor, no necesitas tener una personalidad atractiva ni cautivadora, no necesitas tener influencias para que te lleven a escalar niveles, ni ser un genio en toda la extensión de la palabra. LA OPORTUNIDAD ESTA ABIERTA PARA TODOS, y te brindan una oportunidad de obtener GANANCIAS MONETARIAS "grandiosas', como no lo hay en la mayoría de las demás empresas.

Sin embargo, existen dentro del ramo, algunos elementos clave que no son descubiertos ni son del dominio público, ni se enseñan a los otros para que permita a unos, utilizar a los otros, durante un periodo de tiempo más prolongado y así se conviertan en "escalones" para "yo" alcanzar todas mis metas.

La intención con Los Círculos Pro-Bienestar Total© es la de analizar y descubrir todos los elementos clave que deben estudiarse en dichas empresas antes de decidirse a participar, y crear organizaciones con poder en número de personas, poder en conocimiento y poder en influencia para en el momento oportuno poder NEGOCIAR EL UTILIZAR DICHOS VEHICULOS: LAS EMPRESAS, Y NO DEJAR QUE ESTAS NOS USEN.

Lo anterior no se logra de la noche a la mañana, y se debió de desarrollar un sistema para poder brindar en el "inter" a los miembros, estímulos y beneficios que les permitan perseverar en el trayecto. **Para eso he desarrollado este sistema !!!!!**

Un sistema que con la gracia de Dios nos llevara no solo a obtener las ganancias financieras que devendrán de utilizar "LOS VEHICULOS", las empresas que utilizan el sistema de mercadeo en red, sino que se convertirá en un verdadero NUEVO SISTEMA DE DESARROLLO SOCIAL Y ECONOMICO... que llevara a muchísima gente a través de TODO EL MUNDO a reconocer que verdaderamente...LA VIDA ES BELLA Y DIGNA DE VIVIRSE PLENAMENTE!

Capítulo 5

Viviendo a través de Círculos Pro Bienestar Total

COMO LA IMAGINACION ALCANZA Y PRODUCE LA REALIDAD

Esa mañana, parecía que el mundo había dado un giro espectacular y extraordinario sobre su eje, al menos así le parecía a Alejandro Garza, al levantarse para acudir como siempre durante los últimos 40 años de sus ya gastados 58 que tenía a su trabajo en la fábrica.

No sabía exactamente qué le sucedía, pero sentía en lo más profundo de su ser que algo había cambiado. Experimentaba un entusiasmo y una alegría interior como ya hacía mucho tiempo no experimentaba.

"Algo he de haber soñado que ahora me hace sentir así pensaba".

Mientras cavilaba sobre cómo se sentía, unos olores deliciosos provenientes de la cocina, le hicieron despertar de sus cavilaciones, y se apresuró a terminar de bañarse y así dirigirse a tomar el desayuno, que como siempre era un placer para el, disfrutar junto a su esposa, acompañados de un aromático y delicioso café mexicano al compás de una estimulante charla, compartiendo sus sueños de la noche anterior o hablar de los pendientes más urgentes a resolver en su familia.

La familia de Alejandro, la componían su esposa Rosaura, su hijo mayor Santi, su hijo menor Daniel, su hija mayor Margarita, su hija menor Jazmín y unas nietecitas que ahora eran la alegría del hogar una nena de 6 años de edad, hija de

Margarita y la cual tenía por nombre Allison y Olivia de 1 año, y un perrito boxer a quien le dieron por nombre "Sargent".

Alejandro, era un hombre con unas convicciones muy firmes acerca de la existencia de Dios. Independientemente de la diversidad de doctrinas enseñadas en las diferentes religiones, Alejandro sabía con certeza que Dios existía y "era su padre".

Siempre había experimentado dentro de su ser, un agradecimiento con su creador muy grande, a pesar de como hubieran sido las circunstancias de su vida. Cada detalle en su existencia tenía plenamente sentido para él. Nada podía ser calificado de bueno o malo, simplemente las cosas tenían que suceder tal como eran en el ininterrumpido avanzar de la vida.

Para algunos significaría una enseñanza, para otros quizá una alegría, algunos otros recibirían una satisfacción reconfortante y otros una incomodidad, a lo mejor a algunos, los zarandeo para que despertaran a un mejor estado de conciencia, y a otros les sirvió para avanzar en la vertical de su experiencia en su jornada hacia Dios.

Alejandro vivía en una ciudad del área metropolitana de Dallas, Texas, aunque era mexicano de nacimiento, llevaba ya más de 40 años viviendo en diferentes partes de los EEUU.

Esa mañana en camino a su trabajo, paro en una tienda conveniente de abarrotes para tomar un periódico hispano como era costumbre, pero esta vez al tomar el periódico en sus manos, sintió una leve descarga energética, algo así como cuando recibes una pequeña descarga eléctrica cuando rozas alguna de tus vestimentas o de alguien más.

No pudo evitar abrir el periódico al subir al coche y en ese momento se desprendió del centro de este, un folleto que decía:

RedescubrET

Círculos Pro Bienestar Total, requiere de tu liderazgo.

Una alternativa para el desarrollo social y económico.

En ese momento, Alejandro no tuvo tiempo de seguir viendo, ya que se le hacía tarde para llegar al trabajo, sin embargo, supo que tendría que seguir poniendo atención a ese folleto, porque era como si hubiera recibido un llamado al cual tendría que acudir.

En la oficinas centrales de Círculos Pro Bienestar Total©, en la ciudad de Dallas, Santiago y Saúl se disponían a tener su reunión diaria matutina para junto a su equipo de dirección, revisar los avances de la Organización.

La Organización estaba en sus inicios de haber dado a conocer sus propósitos al mundo. Entre sus objetivos estaba primero darlo a conocer a la comunidad Hispana. Posteriormente, lo irían dando a conocer al resto de la población, no solamente en Dallas, en Texas, o en EEUU, sino a las personas en todo el mundo.

Santiago y Saúl son dos amigos, el primero Contador y el otro Administrador de Empresas de profesión, y que por circunstancias del destino, se habían conocido desde hacía ya más de diez años.

Santiago y Saúl, son personas ya maduras arriba de los 50's, que han tenido sus propias experiencias de vida a través de las cuales han tenido "altas y bajas" como todo el mundo, pero que coincidieron en que era necesario compartir con los demás todos sus talentos y habilidades en pro del Bienestar Total y al mismo tiempo enriquecerse con el compartir de los demás en apoyo mutuo constantemente.

¿Cuáles han sido los mayores obstáculos que han encontrado durante esta semana en la promoción de los valores de nuestra organización? Preguntaba Santiago

Existen algunos aspectos coincidentes que hemos encontrado, comentaba Juan, miembro del equipo de dirección.

La gente se encuentra muy escéptica acerca del recibir beneficios siendo parte de nuestra organización, y al mismo tiempo, no están muy dispuestos a dedicar parte de su tiempo para servir a otros.

O sea no creen que puedan recibir nada bueno, y al mismo tiempo, no quieren o no creen que tengan nada bueno que dar.

¡Quizás se encuentren profundamente desilusionados con la sociedad por tantos "golpes" recibidos!!

¿Y cómo creen que podamos combatir con éxito ese escepticismo y esa desilusión? Volvía a preguntar Santiago.

¡Con educación! Asentó Saúl. Tenemos que enseñarles los axiomas sobre los cuales esta cimentada nuestra organización.

La mayoría de las personas siempre estarán de acuerdo en postulados como los siguientes:

Cuando dos o más se re-unen en mi nombre, la unión hace la fuerza, la tierra primero tienes que prepararla, después sembrar, enseguida cuidarla y posteriormente podrás cosechar, no importa lo que hagas o digas, sino lo que eres, compromiso, dedicación y esfuerzo te llevaran a alcanzar los objetivos, pensamiento, palabra y obra son los elementos de la creación.

Tenemos que reavivar **la esperanza** entre los seres humanos, decía Saúl.

En la Real Academia Española se define esperanza como lo siguiente: ***Estado de ánimo en el cual se nos presenta como posible lo que deseamos.***

El escepticismo y la desilusión, siempre mantendrán apagada la esperanza.

Es verdad decía Santiago, la esperanza entre los seres humanos se encuentra cada vez más asediada por el escepticismo y la desilusión, sin embargo debemos de trabajar **con la conciencia de las personas.**

Conciencia se refiere al saber de sí mismo, al conocimiento que el espíritu humano tiene de su propia existencia, estados o actos.

Cuando las personas logremos tomar conciencia de los cambios que pudiéramos hacer en nuestro comportamiento con los demás, gradualmente volveremos a reconocer la importancia de actuar en unidad en cada uno de nuestros proyectos.

Si la vida consistiera en llevar a cabo todas las cosas separadamente, no tuviera sentido el ser tantos como somos conviviendo en las mismas comunidades, la familia, los amigos, compañeros de estudios, de trabajo, la colonia, la ciudad, el estado, el país y el mundo.

Somos grupos de personas con diferentes talentos y habilidades, precisamente para incentivar la unidad.

En la integración de dichos talentos y habilidades se alcanzara, darles satisfacción a todas y cada una de nuestras necesidades individuales, y al mismo tiempo se manifestara al mundo la gloria de Dios. "Cuando dos o más se reúnan en mi nombre ahí estaré Yo".

Como todos ustedes saben, decía Santiago a su equipo en la organización, los objetivos de Círculos Pro Bienestar Total son precisamente esos.

Hablamos de bienestar, ya que este concepto viene a ser el factor de unidad, el bienestar, es un anhelo generalizado entre los seres humanos.

Estoy de acuerdo contigo, decía Juan, ya que hemos observado como la mayoría de las personas entre las cuales promocionamos a Círculos, de inicio responden positivamente a la propuesta, o sea que no pueden decir que NO quieren ellos también el bienestar, pero dudan que exista algún sistema que pueda lograr el bienestar para todos.

Otro de los problemas que vemos también constantemente decía Vivi, es que existe mucha apatía para disponerse a trabajar. Cuando las personas caen en la cuenta que para lograr lo que nos proponemos, significa dedicar parte de su tiempo a prepararse, estudiar y tomar responsabilidad de liderazgo, entonces muchos de ellos se alejan y ya no están muy dispuestos a colaborar.

El síndrome de "inmediatez" representa uno de los mayores obstáculos para alcanzar los objetivos.

La gran mayoría de las personas no están dispuestas a "esperar" el tiempo que se requiere para obtener la preparación necesaria para desarrollar con eficacia cualquier proyecto, decía Santiago.

Existe tanta "necesidad" que las personas necesitan primero obtener lo más urgente, antes de disponerse a prepararse para obtener mejores resultados.

Primero debo "tener" esto antes de disponerme a "hacer" lo otro. Tener y hacer son los "incentivos" que mueven actualmente a las personas.

Teniendo y haciendo será como llegaremos a "ser" piensan.

Es necesario invertir este paradigma, las personas deben darse cuenta que primero tienes que SER antes que te dispongas a HACER lo necesario para TENER.

¿Entonces cómo podemos cambiar ese paradigma? Dice Juan

Cada uno de nosotros que entendemos lo que esto significa, debemos tomar este compromiso de llevar a otros la enseñanza COMO UNA MISION DE VIDA. Dice Saúl.

Este propósito, nuestra misión de vida, ha de nacer de nuestro agradecimiento con Dios y con la vida.

Mientras que sigamos centrados en nosotros mismos y no queramos salir de nuestra "zona de confort", difícilmente avanzaremos en ese propósito. Comento Santiago.

Es necesario TOMAR EL COMPROMISO inviolable de llevarlo a cabo. Nada debe detenernos en dicho propósito.

No será fácil, ya que habrá "obstáculos", nos criticaran, nos abusaran, y nos atacaran, ya que cuando vean que estamos empeñados en buscar la justicia, esto vendrá a amenazar intereses establecidos, que no están dispuestos a perder.

Capítulo 6

RedescubrET, pensaba Alejandro Garza al salir del trabajo y tomar el folleto que había recibido esa mañana.

Círculos Pro Bienestar Total requiere de tu liderazgo.

Una alternativa para el Desarrollo Social y Económico.

Alejandro no podía apartar la mirada de ese folleto, sentía en verdad una llamada muy directa, era como si se lo estuvieran diciendo directamente a él.

Al llegar a la casa tengo que compartirle a Rosaura acerca de esto, voy a dejarle saber cómo me hace sentir, como siento esa emoción interior que no me permite pasarlo desapercibido.

¿Crees que debamos llamar al teléfono que indica el folleto? Preguntaba Rosaura, después que Alejandro le compartía su experiencia.

Yo creo que sí, respondía Alejandro…….

¡Buen día, oficina de Círculos Pro Bienestar! Respondía la recepcionista en la organización.

¿Si mire, habla Alejandro Garza, estoy llamando en relación a un folleto que encontré en un periódico y me gustaría saber más al respecto?

Claro que sí, con mucho gusto.

Círculos Pro Bienestar Total, es una organización fundada en Diciembre del 2007. La intención de la Organización es traer bienestar a las personas. Se ha desarrollado un sistema que lo hace posible, pero necesitamos de líderes que lo implementen.

Bienestar para la organización significa:

Salud Física, Emocional y Espiritual

Mantener Abundancia Económica-Libertad Financiera; y

Mantener Relaciones Significativas con los Demás.

Cada viernes tenemos una sesión informativa para las personas interesadas en participar.

Si me proporciona su correo electrónico, con gusto le enviare la información-lugar y horario para que nos acompañe....

Después de que Alejandro colgó el auricular, no lo podía creer, le parecía estar soñando.

Como era posible que existiera una organización así.

¿Acaso sería posible alcanzar el bienestar total? ¿Acaso sería posible trabajar para el bienestar de todas las personas?

¡Por primera vez había escuchado la descripción de bienestar en términos tan claros, salud, dinero y amor!!

¡Prácticamente, pensaba Alejandro, es la felicidad que todos estamos buscando!!

Esto sí que le trae un sentido a nuestra vida, pensaba....

Definitivamente, le decía a Rosaura, tenemos que estar ahí, no podemos faltar.

Tenemos que hablar con nuestros amigos, tenemos que dar a conocer esta oportunidad.

Capítulo 7
La llamada del **DSN** de los **EEUU.**

En las oficinas de la organización de Círculos, Santiago recibía una llamada:

¿Es usted Santiago? Preguntaba la persona del otro lado del auricular. Así es para servirle contestaba Santiago....

Le estoy llamando del Departamento de Seguridad Nacional aquí en los EEUU.

Como usted sabe, es imperante para nuestro país, estar pendiente de cada uno de los eventos que están ocurriendo.

Cada vez son más los peligros a los cuales tenemos que enfrentar debido a nuestro papel dentro de la globalidad.

Hemos escuchado que ustedes están estableciendo pequeños grupos (células) dentro de la comunidad y están teniendo un impacto bastante considerable. Sabemos que son un grupo que tiene actividades no solo en los EEUU, sino también se extenderán a otros países y queremos estar seguros y con toda certeza, ¿cuáles son sus intenciones?

Claro que sí, contestaba Santiago.

Nuestras intenciones son solamente organizar a la comunidad en pequeños grupos de apoyo en nuestra búsqueda del bienestar.

Son grupos (círculos) de 5-10 personas que se reúnen una vez por semana para compartir los temas relacionados con el bienestar, conocerse, generar confianza y estrechar las relaciones para saber que contamos con apoyo en la búsqueda del bien común.

¿Existen personas "ilegales", indocumentadas, dentro de sus grupos? Preguntaba el representante del gobierno.

Ese aspecto no es algo que nosotros necesitemos saber de las personas que son miembros de nuestra organización. El "status" legal de las personas no es algo que nos compete a nosotros saber.

¿Pero están ustedes dando empleo a personas indocumentadas? Preguntaba el representante del gobierno.

Claro que no... Decía Santiago, conocemos las leyes de este país en ese respecto, y nos mantenemos apegados a la ley. Cada una de las personas que laboran con nosotros son ciudadanos, residentes legales o personas con permiso de trabajo. Mantenemos un archivo de cada uno de ellos y cumplimos con cada uno de los reportes que se tienen que presentar a las diferentes entidades gubernamentales.

Muy pronto le haremos llegar un citatorio por correo en donde le indicaremos la fecha, el lugar y el horario, además de todos y cada uno de los documentos que tendrá que presentar en esa entrevista. Que pase un excelente día... se despidió el representante del gobierno.

Se quedó Santiago un poco pensativo después de tan extraña llamada, sin embargo se sentía con la conciencia tranquila ya que no existía ninguna actividad fuera de la ley en la que se estuviera participando y además los objetivos de la organización no eran ninguno, más que traer un beneficio a la comunidad.

De todos modos debo enterar a los demás miembros del consejo de dirección de Círculos para conocer sus opiniones.

El viernes por la tarde, como era costumbre tenía lugar la sesión de información para las personas que recién sabían de la organización.

Generalmente, cada uno de los miembros del consejo siempre estaba presente. La duración de la reunión era de dos horas aproximadamente. La primera hora se presentaba la información, propósito y objetivos y la segunda hora se dedicaba a contestar preguntas y a participar en pequeños "grupos" de trabajo para detectar a los posibles líderes dispuestos a trabajar, a los cuales se les citaría para entrevistas individuales posteriormente.

Entre los asistentes en esa ocasión se encontraban Alejandro Garza y su esposa Rosaura.

Su entusiasmo y su participación, les dejo a saber a los miembros del consejo que pudieran ser unos buenos líderes, por lo tanto serian citados junto con otras 4 personas para la entrevista posterior.

Debemos de tener confianza y fe en los propósitos y objetivos que nos acaban de informar en la organización le decía Alejandro a Rosaura. Además se sintió una muy buena "vibra" en la reunión.

Tienes razón decía Rosaura, creo que estamos a punto de iniciar algo muy significativo en nuestras vidas.

Algo que verdaderamente traerá un mayor bienestar a nuestra vida, la de nuestros hijos y las de muchos otros a los cuales iremos alcanzando con nuestra participación y nuestro compromiso con todos ellos.

El lunes siguiente Alejandro y Rosaura asistieron a la entrevista con los miembros del consejo de Círculos pro Bienestar Total.

Fueron recibidos por una señorita muy amable, les ofreció si gustaban algo de tomar y posteriormente los condujo hacia una sala muy elegante, pequeña y acogedora donde se esperaba que tuvieran la entrevista con Saúl, uno de los miembros del consejo de dirección.

La señorita les entrego una hoja donde tendrían que describir algo similar al currículo de su trayectoria por la vida, donde se incluía información de antes y después de casados, su tiempo libre fuera de sus empleos y obligaciones familiares y su disponibilidad de participar ayudando a otros a alcanzar el bienestar total.

¿Qué te parece, le decía Alejandro a Rosaura, parece que esto va en serio, no crees?

Yo creo que el bienestar es un anhelo genuino de la mayoría de las personas, todos buscamos lo mismo y al mismo tiempo, es algo con lo que no podemos "jugar", decía Rosaura. Si decidimos participar en esto, debe ser una decisión seria, y como tal, creo que es correcto que se nos pida toda esta información.

Al terminar su trabajo Alejandro le dejo saber a la señorita que los atendió que ya lo tenían listo. Amablemente les dio las gracias, les recogió los documentos y les pidió esperar unos 5 minutos más para esperar al Sr. Saúl para tener la entrevista.

Alejandro… Rosaura? los saludo Saúl al entrar al despacho.

Debo agradecerles su interés en participar con nuestra organización, les decía Saúl.

En nuestra organización estamos determinados para llevar el bienestar a la mayoría de las personas, como ustedes ya habrán escuchado, el bienestar para nosotros comprende la salud, la abundancia económica y el establecimiento de relaciones significativas con otros.

Aunque parece obvio, todos podemos decir que lo sabemos, sin embargo, para la gran mayoría de las personas el alcanzar estos objetivos, les puede llevar toda una vida y para muchos otros (la gran mayoría), la vida transcurre y termina sin tan siquiera haber alcanzado uno o parte de alguno de ellos.

En Círculos contamos con un sistema que hace posible alcanzar el bienestar en los términos ya expresados. El sistema permite llevarlo a cabo gradualmente y lo pone al alcance de la mayoría de las personas.

La primera fase consiste en identificar a los líderes que estarán llevando esto dentro de cada una de las comunidades.

Existirá un líder (individuo o pareja), en cada zona postal de cada ciudad o población en cada estado dentro de los EEUU y del mundo.

Cada líder, será responsable de integrar un equipo de trabajo de 5-10 personas con las cuales estarán llevando el programa dentro de su sector.

Los círculos, serán grupos de 5 a 10 personas máximo que se reunirán una vez por semana en las casas de los participantes para tratar e informarse de todos los temas acerca de lo que comprende el Bienestar Total.

El compromiso de cada líder será con cada uno de los 5-10 personas que este selecciono, para apoyarles en su empeño de lograrlo y posteriormente cada una de estas personas en el grupo a su vez, duplicaran este compromiso con los 5-10 que ellos seleccionen.

Al irse duplicando los grupos, los líderes tendrán dos reuniones semanales, una con el grupo al cual pertenece, de donde se "alimenta", y otra reunión con su grupo, el cual el selecciono, adonde irá a "compartir" lo que ha recibido.

La relación en el convivio que se dará entre los participantes, será uno de los factores de mayor importancia en el buen éxito de este programa. Sera como una familia "extendida" de cada uno de los participantes.

Al darse cuenta cada una de las personas que "no están solos" les dará la fuerza para continuar en su empeño.

El siguiente paso, si es que ustedes deciden participar, será que asistan a "un taller", será una experiencia de viernes por la noche y terminara el domingo a mediodía.

El costo será cubierto por los fondos que recibe la organización de diferentes fuentes.

El objetivo de este taller es poder informar y educar a los líderes participantes en todo lo que contiene nuestro sistema. Es una preparación a fondo de cada uno de los conceptos sobre los cuales se asienta nuestra organización.

Nuestro propósito en verdad, es nuestra "misión" de vida.

Representa uno de los compromisos más importantes de nuestra vida, después de Dios y nuestras familias inmediatas.

Creemos que todas las personas se merecen ser felices, creemos que es el propósito de Dios y que es a través de nosotros todos que se estará llevando a cabo.

Les hago ahora entrega de este paquete, les pido que lo estudien y se preparen lo mejor que puedan para el siguiente taller.

Capítulo 8
Los grupos de poder en las sociedades

El lunes por la mañana en la reunión del Consejo, Santiago puso al tanto a cada uno de los miembros acerca de la llamada del oficial de NSA (National Security Agency).

Cuando alguna actividad impacta a la sociedad, es lógico que algunas autoridades se pongan alerta y busquen investigar al respecto. Decía Saúl.

Sin embargo creo que es necesario cuidar cada uno de los pasos que demos en nuestro avance, mantenernos siempre dentro de la ley y estar pendientes del "lenguaje" que utilicen nuestros miembros, líderes en todas sus actividades.

Creo que también tenemos que estar conscientes de a cuales intereses estaríamos afectando con el crecimiento de nuestra organización con sus valores y procedimientos. Decía Vivi.

Si nuestra actividad en la organización afecta la participación y el entusiasmo de las personas por envolverse en actividades donde comúnmente participaban antes, hará que no solo la NSA sino los dirigentes de esas organizaciones, también buscaran acabar con nosotros. Decía Juan.

Creo que todos ustedes tienen razón, decía Santiago. Mantenernos dentro de la ley, cuidar nuestro lenguaje y el de nuestros líderes, conocer a las organizaciones a las cuales estaríamos afectando y estar alertas al respecto son situaciones que tenemos que manejar.

Pero cuando existen agencias federales investigando, creo que debemos tener una mayor precaución ya que si lo están haciendo, es porque verdaderamente nuestra actividad está amenazando o podría afectar en el futuro intereses de grupos con verdadero poder.

Como todos ustedes saben, existen grupos demasiado poderosos a nivel mundial que son los que manejan los aspectos económicos, políticos y sociales en todo el planeta.

Los sistemas existentes actualmente en la economía, la política y la sociedad, son sistemas establecidos por estos grupos, para poder mantener el control absoluto del poder.

Tienes razón decía Saúl, los sistemas valor-trabajo frente al sistema valor-residual son ejemplos de cómo se ha buscado tener control de la economía de las personas. Si se tiene control de la economía de la población, se tendrá control tanto del aspecto político como social.

En otras palabras, no es conveniente que muchas personas sean "ricas", ni que tampoco tengan demasiado tiempo para ser "creativas", ya que se daría rienda suelta a la imaginación del ser humano, que consecuentemente llevaría a la sociedad a buscar e implementar los cambios en donde no solo unos cuantos se beneficien sino que la riqueza y los recursos se distribuyan en una forma más equitativa. Afirmaba Santiago.

Afortunadamente, la Constitución de los Estados Unidos, fue escrita por personas con una visión sorprendente a futuro. Uno de los aspectos descritos en ella es la libertad del individuo como derecho inviolable y mientras esta libertad nos lleve a establecer sistemas y mecanismos que beneficien, tendremos siempre la protección de la Constitución....

En la casa de Alejandro Garza y Rosaura, ese miércoles por la tarde existía mucha actividad y algo de nerviosismo, sobre todo en Rosaura ya que estaban preparando lo que vendría a ser la primera reunión de Círculos Pro Bienestar Total en su casa.

Su participación en el taller al que acudieron, les dio la certeza y la fortaleza necesaria para ponerse a trabajar.

Tenían alrededor de 10 invitados a la reunión. Entre los asistentes se esperaba a familiares de ambos, maestros en la escuela de sus hijos y compañeros de trabajo de Alejandro.

La intención de la reunión era darles a conocer la decisión que habían tomado de ser parte de la organización y como estaban en búsqueda de las personas que formarían parte de su equipo "su familia extendida" en la promoción de los valores de Círculos.

Estaban dispuestos a encontrar al menos a 5 personas o parejas lo más pronto posible y aquella seria su primera reunión.

Como apoyo estarían presentes también Santiago y Saúl, oficiales directivos y fundadores de la Organización.

Alejandro y Rosaura se encontraban muy entusiasmados al respecto, sin embargo, les ponía nerviosos que la explicación del proyecto y la invitación tendría que venir de parte de ellos a los invitados, los oficiales estarían allí solamente como apoyo y certificación de la seriedad de la propuesta.

A la reunión asistieron 8 de los 10 invitados que tenían.

¿Uno de los familiares de Alejandro hacia el comentario "y como sabes o que seguridad tienes de que los propósitos de esta gente son serios o bienintencionados"?

"Actualmente existen muchos fraudes o grupos que te atraen con conceptos nobles primeramente y al final de cuentas, resulta que son promotores de sectas dirigidas por dementes".

Tienes razón Esteban, le decía Alejandro, desafortunadamente existen todo ese tipo de situaciones en la que mucha gente se ha visto perjudicada. Sin embargo en este caso, nosotros hemos pasado por un proceso que nos permite libremente tomar la decisión de participar basados en toda la información que hemos obtenido y la evaluación de los antecedentes de los dirigentes, los cuales están a disposición de cada una de las personas que han decidido participar.

Después de todo este proceso y la comunión con los valores que se promueven, es que las personas decidimos participar.

El propósito de hoy con ustedes es solamente darles a conocer nuestra decisión de ser parte de esta organización y presentarles la invitación para que se unan a nosotros a ser parte de nuestro equipo.

Cada uno de ustedes que decidan hacerlo, también pasaran por este mismo proceso y no será hasta entonces que se ratificara su compromiso a trabajar.

A mí lo que me interesa conocer es como es que ustedes piensan alcanzar la "libertad financiera" que proclaman, decía el maestro de matemáticas de la escuela de uno de sus hijos.

En el grupo hemos aprendido que "libertad financiera" es un concepto que significa tener suficiente tiempo y dinero. Decía Rosaura.

Es de todos conocidos, que para la mayoría de las personas este "anhelo" tan simple, muchas veces se nos es difícil alcanzarlo. La mayoría de las personas dedicamos al trabajo de 8-10 horas diariamente. Algunos 5, otros 6, y algunos otros hasta los 7 días de la semana se le tiene que dedicar al trabajo o a la actividad de negocio que estemos realizando.

Estamos totalmente "sujetos" a un horario y no se nos permite, o no nos podemos permitir dejar de trabajar fuera de ese horario, ya que si no trabajamos no hay ingreso.

Para dormir, diariamente dedicamos de 6-8 horas, por lo tanto solo nos quedan 6 horas disponibles de cada día.

Durante esas 6 horas, algunos tenemos que manejar ida y vuelta a nuestros trabajos y nos ocupa de 1-2 horas. Con las restantes 4 horas, algunas personas dedicamos a ver televisión, la gran mayoría, también de 1-2 horas.

Por lo tanto solo nos quedarían 2 horas para dedicarlas a lo que realmente nos interesa. 2 horas son demasiado poco y no nos permite alcanzar lo que deseamos, por lo tanto nos genera frustración o stress.

Si el tener que "trabajar" ocupar nuestro tiempo es necesario para generar ingreso, decididamente ese es el problema que tenemos que enfrentar.

Estamos inmersos en "la carrera del ratón" es un sistema que se le llama el "sistema valor-trabajo". Un sistema que nos ha llevado a creer que si no trabajamos, no hay ingreso y por lo tanto no existe ninguna otra forma de producir riqueza.

En la organización, se nos ha ensenado que existe otro sistema, el "sistema valor-residual".

Y en que consiste ese sistema, preguntaba el maestro de matemáticas en la escuela de Daniel, el hijo de Alejandro y Rosaura.

El sistema valor residual, nos enseña que no necesariamente tenemos que ocupar de nuestro tiempo para producir ingresos.

Existen una serie de opciones en donde no es trabajo lo que tenemos que invertir para producir riqueza.

Podemos hacer inversiones de capital que nos generara rendimientos de capital.

Podemos hacer inversiones en bienes raíces que nos produce riqueza a través de la renta o a través de la venta de las mismas a un precio superior al cual se adquirieron.

Podemos utilizar nuestra creatividad o nuestros talentos en escribir un libro, grabar un disco o actuar en una película, donde la inversión de tiempo se hace una sola vez y posteriormente se nos sigue pagando cada vez que se vende dicho ejemplar.

Sin embargo para poder disponer de dichos recursos, tenemos que contar con un buen capital que muchas veces no hemos logrado acumular o disponer de un talento, que no hemos logrado desarrollar; o sacarnos la lotería, sin embargo las probabilidades de que eso suceda son muy pocas.

Para el resto de las personas que no tenemos el capital o no disponemos del talento también existe otra opción:

La organización del consumo.

¿Cómo? ¿Preguntaba el maestro, que significa la organización del consumo?

El consumo es algo que todos llevamos a cabo y lo hacemos desde antes de nacer y hasta después de morir.

El consumo es "el motor" que mantiene viva a la economía.

El consumo, representa el "culmen" del ciclo económico.

Primero se invierte, después de produce; servicios o productos, posteriormente se distribuye y por último se consumen.

Si no hay consumo no existe economía. Siempre se produce pensando en quien lo va a consumir.

El inversionista y el productor, siempre dependerán del consumidor. Si no se consume, por muy bueno que sea el producto o el servicio, el proceso económico no se completara.

El consumo representa un "poder enorme", todos lo llevamos a cabo, desde antes de nacer y hasta después de morir, como mencione antes, decía Rosaura.

Sin embargo aunque el consumo está en las manos de todos nosotros no nos traerá ningún beneficio, mientras que no se organice.

Si nos provee el "beneficio" del "uso" al adquirir el servicio o el producto, pero no compartimos o nos beneficiamos de la utilidad económica que se genera.

Para participar de la utilidad que se genera debemos de invertir conjuntamente con el productor, decía el maestro.

No necesariamente, le contestaba Alejandro.

Existe una industria en la que el productor comparte con el consumidor parte de la ganancia económica que se genera con el consumo.

Esa industria se llama el mercadeo en redes.

No necesitamos ser inversionistas de capital, se nos comparte el beneficio económico, porque participamos en la creación de la red de consumidores, a través de nuestra "referencia".

El productor se ha dado cuenta, ahora ya hace más de 75 años que en lugar de invertir grandes sumas en campañas de promoción en los medios masivos de publicidad, se puede llegar a la gran masa con mayor eficiencia y rapidez a través de la referencia de los mismos consumidores.

Además de que se logra al mismo tiempo mayor "fidelidad y consistencia" por la relación que se establece entre los participantes en dicho proceso.

Pues yo no tengo muy buenas referencias al respecto, decía el maestro. Conozco de muchas personas y yo mismo me he visto perjudicado por haber creído en las "falsas promesas" de líderes sin escrúpulos, remarcaba con emoción y la voz subida de tono el maestro.

Estamos conscientes de todo lo que usted nos menciona estimado maestro. Decía Alejandro.

En la organización de Círculos Pro Bienestar Total, nos han ensenado toda la historia de esta industria. Y si, en verdad ha habido muchas personas desilusionadas y dañadas durante su desarrollo.

Sin embargo, también nos han dicho que como en todo proyecto, si tu deseas tener éxito, primeramente tendrías que recibir una preparación y el establecimiento de las herramientas necesarias para ejecutarlo eficientemente.

Estamos de acuerdo con usted maestro, han existido muchos líderes que han participado en esta industria que han hecho mucho daño. Son como les decimos en Círculos, "lideres que arrastran".

Ahora en nuestra organización estamos trabajando para desarrollar "lideres con espíritu de servicio".

Estos líderes serán los que vendrán a reivindicar, la bendición que Dios nos ha proveído con la existencia de este sistema.

Le llamamos bendición, porque en el trabajo del desarrollo de estos líderes, las personas no solamente recibirán el beneficio económico, sino que alcanzaran el bienestar total como lo indica el nombre de nuestra organización: Círculos Pro Bienestar Total.

El bienestar es el anhelo de todo ser humano, todos buscamos lo mismo, pero en verdad mi querido maestro, nunca antes yo había escuchado una definición tan clara y sencilla como la que nos enseñan en la organización.

El Bienestar Total comprende:

Salud Física, Emocional y Espiritual

Abundancia Económica- Libertad Financiera; y

Relaciones Enriquecedoras con los Demás.

Y lo más importante de todo es que ya se cuenta con el sistema para lograrlo. Tenemos toda la enseñanza, las dinámicas y los recursos para hacerlo posible para todos los participantes.

A los fundadores de la organización, el Sr. Santiago y el Sr. Saúl, les llevo más de 7 años para integrarlo.

Ahora estamos simplemente en el proceso de invitar a los líderes que harán posible el hacer llegar esta bendición a todas nuestras comunidades, en los EEUU, en México, Latinoamérica y todo el mundo.

Por eso es que ahora los hemos invitado a ustedes, para que nos acompañen en esta jornada por el bienestar total. Concluía Alejandro.

De las ocho personas que asistieron a la reunión, 5 de ellas estuvieron interesadas para asistir a la primera entrevista en las oficinas de la organización.

Alejandro y Rosaura quedaron muy entusiasmados por los resultados de la reunión en su casa. Ahora estarían trabajando conjuntamente con esas personas a las cuales ellos habían seleccionado para apoyarles en su búsqueda del bienestar total.

Santiago y Saúl, felicitaron a Alejandro y Rosaura antes de retirarse.

El verdadero trabajo inicia ahora, mis queridos líderes les decía Santiago. El compromiso que ustedes tienen con estas personas que han decidido aceptar su invitación les dará a conocer al mundo que existe una esperanza. Una esperanza de construir un mundo mejor, un mundo donde cada una de las personas experimentaran el plan de Dios para todos nosotros. "Que todos sean uno padre, así como yo y tu somos uno" fue uno de los deseos exclamados por Jesús de Nazaret.

Durante toda la semana, Alejandro y Rosaura compartían todos sus sentimientos y pensamientos acerca de la experiencia que habían vivido.

Me encuentro muy emocionado le decía Alejandro a Rosaura. Creo que al fin hemos encontrado a esa comunidad que siempre habíamos estado buscando a través de nuestra vida.

Una comunidad como nos dice Santiago, la cual será nuestra "familia extendida". Una familia que difiere con nuestras propias familias respecto a los propósitos en común y al apoyo que estaremos dándonos los unos a los otros, decía Alejandro.

El sistema desarrollado por los fundadores, a la vez permite que se vaya duplicando lo mismo con todas y cada una de las personas que se vayan alcanzando, decía Rosaura.

Creo verdaderamente que así, pronto estaremos alcanzando a todo el mundo y estaremos siendo parte de uno de los acontecimientos que más impacto tendrán en la humanidad en los últimos tiempos, compartía Rosaura emocionada.

Te imaginas el legado que estaremos dejando a nuestros hijos para que se desenvuelvan en este nuevo sistema.

Capítulo 9

La organización en vías de expansión.

Existen solicitudes de varios líderes en diferentes países que desean ser partícipes de nuestro sistema y desarrollarlo en sus países, le decía Saúl a Juan en las oficinas de la organización en Dallas.

Cuáles son los países que lo están solicitando, preguntaba Juan.

Son líderes en México, Guatemala, Honduras, Perú, Ecuador y Brasil, decía Saúl.

Es un honor para nosotros tener la oportunidad de compartir con "nuestra gente" latinoamericana los beneficios de Círculos Pro bienestar Total, decía Santiago. Sin embargo, debemos estudiar detenidamente cuales serían los efectos al iniciar en dichos países.

Las condiciones sociales, políticas y económicas en esos países difieren sustancialmente respecto a cómo son las condiciones aquí en los EEUU.

Las medidas de represión de las autoridades en esos países son algo más agresivo que en los EEUU, además de las facilidades que tienen las organizaciones del crimen organizado de cometer sus crímenes ya que el poder económico del que disponen, les permite comprar a las autoridades.

Creo que primero debemos de sostener algunas reuniones iniciales con los líderes interesados y platicar al respecto.

Sin embargo es una oportunidad excelente que no debemos desaprovechar, ya que las personas en esos países son quienes más necesidad tendrían de beneficiarse, ya que la pobreza está más agudizada que en los EUU.

El WIDER, (World Institute for Developments Economic Research) Instituto Mundial para la Investigación y Desarrollo Económico. Ha desarrollado diferentes estudios acerca de la distribución de la riqueza en el mundo y de las causas de la desigualdad en este.

En uno de sus últimos estudios hasta el año 2000, indicaba que 2.8 mil millones de personas en el mundo son pobres y otros 1.3 mil millones viven en la miseria con menos de dos dólares diarios.

En los EEUU viven el 37% de los muy ricos, en Japón el 27%, en China el 4.1%, En Alemania, Suiza e Irlanda el 10.4 en conjunto y el restante 21.5% distribuidos en el resto del mundo.

De todos los países en Latinoamérica solo en Brasil, México y Argentina existen personas muy ricas, pero no alcanzan a ser ni el 2% de la población. Para pertenecer a la lista de los muy ricos se debe tener una fortuna superior a los 100 millones de dólares.

En referencia a las causas de la desigualdad existen muchas teorías al respecto, pero una muy acertada es la de Jean Jacques Rousseau.

Jean Jacques Rousseau en su obra "Sobre el origen de la desigualdad entre los hombres", Rousseau dejó apuntado:

"La desigualdad social y política no es natural, no deriva de la voluntad divina, ni tampoco es una consecuencia de la desigualdad natural entre los hombres.

Por el contrario, su origen es el resultado de la propiedad privada, de la apropiación privada de la riqueza del mundo entero y de los beneficios privados derivados de esa apropiación. —Desde ese momento tratar de explicar el origen de la desigualdad social se ha convertido en una cuestión central para las ciencias sociales, y también desde ese momento la crítica a la sociedad burguesa apunta a señalar tanto la estructura de la desigualdad social como la de la falta de libertad –íntimamente conectada con la desigualdad– de una inmensa mayoría de personas en todo el mundo".

La desigualdad resulta de la apropiación privada de la riqueza del mundo, nos dice Rousseau y de los beneficios privados derivados de esa apropiación.

En mi interpretación de lo anterior, decía Santiago, Rousseau nos está diciendo que las personas que adquieren riqueza se consideran superiores a los demás por los beneficios que se obtienen con esa riqueza, beneficios que los demás no pueden adquirir por ser "pobres". No importa mucho como la adquirieron, si lo lograron con trabajo, si la recibieron por herencia, si la obtuvieron con negocios turbios, si la robaron, no importa, el objetivo es tenerla para obtener los beneficios que se derivan de ello y así sentirse superiores a los demás.

En la "apropiación" se deduce que no se está dispuesto a compartir, ya que la riqueza "es de ellos" y de nadie más, acotaba Santiago.

En verdad que contiene implicaciones muy profundas en el pensar de las personas respecto de la riqueza, decía Saúl.

La riqueza y la desigualdad entre las personas están íntimamente relacionadas, decía. Lo que aparentemente nos hace diferentes es el status económico y en consecuencia respondemos a ello de la misma manera.

Enfrente de una persona acaudalada, tendemos a responder en forma diferente que si estamos enfrente de "un pobre".

Inconscientemente, pensamos que existe "menos riesgo" al interactuar con una persona que no tiene dinero, ya que simplemente "no tiene nada que ofrecernos" y por el contrario cuando interactuamos con una persona acaudalada, *inconscientemente también*, tendemos a esperar un beneficio de nuestra relación con esas personas ya que cuentan con muchos recursos económicos, decía Santiago

La única forma que existe para acabar con la desigualdad entre las personas es la educación, decía Juan.

¿Estamos de acuerdo, contestaba Vivi, sin embargo, como hacemos para derribar esa apatía que existe entre la gente para decidirse a emprender "nuevos caminos"?

La constancia y el tiempo, serán los que lo lograran dice Saúl.

Las personas en el mundo más que tener dinero lo que necesitan es encontrar "un significado a sus vidas" afirmaba Santiago.

La principal preocupación del hombre no es obtener placer o evitar el dolor, sino sobre todo ver que su vida tiene un significado.

Es por ello que el hombre está siempre dispuesto a sufrir, con la condición por supuesto, de que su sufrimiento tenga un significado. Víctor Frankl.

Yo estoy convencido de lo anterior, mientras que no encontremos el significado a nuestra existencia, vagaremos sin sentido en este mundo, decía Santiago.

Y el sentido a nuestra existencia solo lo veremos reflejado a través de nuestra relación con los demás. Es por eso que sin lugar a dudas, la dinámica en los Círculos, nos llevara a encontrar este significado a través de nuestro interactuar con los demás consistentemente.

Cuando alguien NOS ESCUCHA, y solamente hasta entonces, es cuando cada uno de nosotros caemos en la cuenta de que nuestra vida tiene sentido.

Hasta ese momento encontramos en nuestra existencia "algo de valor" ya que me puedo ver reflejado en el "otro". A través del otro, ahora si me puedo ver, me puedo escuchar, me puedo tocar y en dicha percepción se "enciende la chispa" la chispa de la vida, afirmaba Santiago.

Y al mismo tiempo, así como a través de la escucha de los otros reconocemos cada uno nuestra existencia y experimentamos "el cielo", también a través del rechazo, la apatía, la indiferencia, la violencia y la reprobación de los otros hacia nosotros es como experimentamos "el infierno" decía Vivi.

Sin embargo, es solamente a través de nuestra experiencia del infierno, como verdaderamente podemos apreciar el cielo, decía Santiago. *El drama de la vida se nos da a través de la relaciones con nuestros semejantes.*

Ahora volviendo al trabajo decía Saúl, debemos de ponernos en contacto con todos y cada uno de los líderes en esos países de Latinoamérica que nos han buscado.

Vamos a consultar cada uno de nosotros nuestras agendas y así poder definir quiénes y cuando pudiéramos asistir y visitar a cada uno en sus propias comunidades. Me gustaría que tomáramos el tiempo más adecuado y disponer de 7 a 10 días y en una gira visitarlos a todos.

Para aprovechar el viaje, me gustaría que previamente nos pusiéramos en contacto a través de correos electrónicos o por Skype y así poderlos motivar a que en nuestra visita, no solamente nos reunamos con ellos, sino que cuando vayamos ya tengan cada uno de ellos a un posible grupo inicial de trabajo, después de analizar las circunstancias específicas políticas y de delincuencia que pudieran existir en sus países.

Capítulo 10

El crecimiento programado en los EEUU.

Estamos muy orgullosos de ser parte de Círculos Pro Bienestar Total decían Alejandro y Rosaura en el estrado de la 1er conferencia de la organización en Houston, Texas, enfrente de una audiencia de más de 500 personas.

La conferencia se estaba llevando a cabo en uno de los hoteles de más prestigio localizado cerca de Houston Galerías…

Nos encontramos ahora en Houston, decía Rosaura, una de las ciudades en Texas en donde la población hispana representa el 43.81% del total de 2'099,451 de sus habitantes y donde su área metropolitana comprende 5.9 millones de habitantes, la sexta más grande en los EEUU.

Como ven, aún nos queda mucho por avanzar, ahora habremos aquí cerca de 500 personas, pero sabemos que serán la semilla que hará germinar un crecimiento espectacular. Ustedes siguen siendo los pioneros en esta organización ya que apenas estamos iniciando.

El bienestar llegara a todos los que decidan ser parte.

Las nuevas "pequeñas comunidades" de nuestra familia extendida, siguen trabajando de una forma tan organizada tal y como los fundadores de nuestra organización lo visualizaron.

Los círculos se integran y se reúnen con facilidad y constancia ya que se encuentran sus integrantes organizados por zonas postales (zip codes).

No importa lo grande que es Houston ya que para reunirse solo tienen que desplazarse en un radio de no más de 3-5 millas a la redonda, la extensión media de las zonas postales.

Ya nos han platicado de todo el entusiasmo que existe y en verdad que nos emociona, en el área de Dallas está sucediendo lo mismo. Actualmente existen reuniéndose en el área metropolitana de Dallas 125 círculos de al menos 5 personas cada uno.

Cuando nosotros iniciamos con la organización, hace aproximadamente 6 meses, solamente existían los fundadores, su equipo de trabajo y algunas 50 personas reuniéndose semanalmente.

Aún estamos en la fase de integración, todavía no llegamos al número de 3,750 integrantes que se espera tener para poder negociar participar con las empresas de network marketing que se han estado estudiando.

Los fundadores estiman que para finales de este año, habremos llegado a dicha cifra y entonces la libertad financiera que todos nos merecemos nos estará llegando ininterrumpidamente para el resto de nuestras vidas.

Es de suma importancia continuar con la preparación y las actividades de formación que nos están proveyendo, ya que la solidez de nuestra organización deberá estar basada en la fortaleza de nuestras relaciones y el conocimiento adquirido.

Muchos ya hemos experimentado los beneficios del bienestar que vamos alcanzando en las áreas de salud física y emocional y en nuestra preparación para participar exitosamente en nuestro trato con los demás.

Esos aspectos del bienestar en verdad que son la "esencia" de nuestra organización. La recompensa económica nos vendrá como añadidura después de haber estado preparándonos en todos estos aspectos.

Con nuestra participación ahora en esta conferencia, solo queremos animarles para que continúen adelante. Entendemos que a veces les parecerá algo muy lejos de alcanzar, pero como dice Santiago, uno de los fundadores de esta organización, "la verdadera felicidad la encontraran en la jornada" no se encuentra al alcanzar los objetivos propuestos, sino que dichos objetivos solo harán que se disfrute más y mejor la jornada que mantenemos en el día a día, no desaprovechemos esto. Decía Alejandro.

Yo comparo ahora la decisión que tome al iniciar en esta organización con mi "familia extendida", como la decisión que tome cuando decidí iniciarme en matrimonio con Alejandro. Fue y seguirá siendo una decisión para toda mi vida, a pesar de los altibajos que se experimenten, le decisión de continuar siempre deberá permanecer firme.

Con Alejandro he formado mi familia inmediata y con Círculos ahora estoy formando mi familia extendida.

Una familia con la cual continuare para el resto de mis días y la cual ahora le da un sentido nuevo y estimulante a mi vida.

No se imaginan ustedes la emoción que experimento al verme reflejada en los ojos de los demás. La alegría que siento al saber que soy parte de una comunidad en la cual existen una variedad de personas con diferentes talentos y habilidades de los cuales ahora tengo el honor de servirme y a las cuales tengo el honor también de servir.

Cuando llegue a los EEUU, hace aproximadamente 40 años no se imaginan el dolor que experimente al separarme de mis hermanos y hermanas de sangre, soy parte de una familia de 9 y durante mis primeros 15 antes de casarme solamente me identificaba siendo parte de esa familia.

El adaptarme a este país y aprender a convivir con "extraños" me costó mucho trabajo y sufrimiento ya que no me era posible verlos como hermanos también. En verdad que ahora para mí el concepto de "familia extendida" tiene el sentido que necesitaba.

Para mí fue diferente, decía Alejandro, ya que fui hijo "único", de mi madre. Tuve la oportunidad de conocer a tres hermanos hijos de mi padre, anterior a su relación con mama, pero nunca tuve la oportunidad de convivir y disfrutar mi relación con ellos.

En mi relación con Rosaura, he aprendido muchos aspectos de la vida en familia, de la vida en comunidad.

Ella me ha enseñado que tan especial pueden ser las relaciones con tu hermano(a), ella me ha enseñado como puedes compartir lo que eres y lo que tienes con ellos, pero también me ha mostrado el valor de ser fiel a una promesa al permanecer a mi lado todos estos años….

Santiago, Saúl, Juan, Vivi y los demás participantes a la conferencia, veían con agrado como las vidas de todas estas personas estaban siendo beneficiadas gracias a su participación en la organización.

Veían con agrado como las vidas de todas estas personas estaban siendo beneficiadas gracias a su participación en la organización.

De pronto vieron entrar al salón de conferencias a dos personas vestidas con traje oscuro y se detenían a preguntarle algo a la persona que los recibió. La persona volteo hacia donde estaban ellos y señaló con la mano hacia donde ellos estaban.

Al verlos dirigirse hacia donde estaban ellos, Santiago y Saúl se separaron del grupo y acudieron a recibirlos.

Soy el oficial Ramírez de la NSA y mi compañero Joe Stevens. Como le había mencionado durante nuestra conversación telefónica hace dos semanas, le hago llegar este citatorio para que se presente mañana a las 8am a nuestras oficinas, ahí se indica la dirección y los documentos que tiene que llevar a la entrevista. Gracias y disculpen la interrupción.

La entrevista será en Dallas, solo que quisimos venir a esta su conferencia en Houston, y hacerle entrega personal de este citatorio.

Definitivamente, este incidente vendría a cambiar totalmente los planes que tenían para el final de la conferencia. Santiago tendría que dejar en ese momento la reunión y dirigirse de regreso a Dallas para reunir los documentos que le solicitaban y poder presentarse puntual a la entrevista solicitada.

Saúl decidió acompañar a Santiago y le pidieron a Juan y Vivi quedarse para terminar la conferencia y continuar con los avances que tenían programados para la misma.

Al llegar Santiago y Saúl a la oficina en Dallas, reunieron los documentos solicitados y se retiraron a sus casas para dormir y prepararse para la reunión a la mañana siguiente.

Capítulo 11
Reunión en las oficinas de la NSA en Dallas.

Santiago y Saúl se presentaron esa mañana puntual a la entrevista. Entre los documentos solicitados se requerían las actas de constitución de la organización, una lista de los integrantes oficiales, nombre, dirección y teléfonos de los mismos, los archivos del personal, información acerca de los objetivos de la organización y las fuentes de financiación de sus operaciones.

Después de entregar los documentos, tuvieron que esperar aproximadamente una hora, antes de indicarles que pasaran a la entrevista en una sala de juntas donde se encontraban el director de la dependencia gubernamental el Sr. David Miles, el oficial Ramírez y el oficial Stevens a quienes habían conocido la noche anterior.

Hemos examinado los documentos que han entregado les decía el Sr. Miles y efectivamente creemos que se encuentra todo en orden respecto a la legalidad de su operación. Gracias por su cooperación.

Los hemos citado ahora, porque tenemos una serie de preguntas que esperamos nos puedan brindar respuesta a cada una de ellas, les decía el Sr. Miles.

¿Porque si es el bienestar lo que buscan con su organización, son solamente personas de origen hispano los que están integrados hasta el momento?

No existe en nuestra organización ninguna indicación referente a la nacionalidad, el idioma o el origen de los participantes miembros. Estamos abiertos a la participación voluntaria de todas las personas, hasta el momento son solo personas de origen hispano ya que es por invitación que nuevos miembros se integran y hasta ahora han sido solo personas de origen hispano los que han participado. Les decía Santiago.

Nosotros el Sr. Santiago y yo somos ciudadanos de los EEUU desde hace ya más de 20 años decía Saúl, tenemos dominio del idioma ingles y estamos preparados no solo para atender personas de habla inglés o español, sino que podemos recibir y atender a las personas de la gran diversidad que existe en este país.

¿Son ustedes una organización social, económica o religiosa?

Somos una organización ciudadana que se ha integrado con el objetivo de apoyarse en la búsqueda del bienestar total. Como ustedes habrán revisado nuestra documentación, para nosotros el bienestar total incluye la promoción de la salud física y emocional, la promoción del bienestar económico o libertad financiera y la promoción de las buenas relaciones entre la comunidad. Decía Santiago.

Creemos que en este país, como dice la Constitución, los ciudadanos somos libres de asociarnos en la búsqueda del bienestar común, decía Saúl, siempre y cuando no alteremos el orden establecido por la ley.

¿No creen ustedes que la ley y el gobierno existen precisamente para proveer al ciudadano lo que ustedes dicen estar buscando?

Efectivamente decía Santiago, creemos que el gobierno y la ley debieran de ser un aliado en iniciativas como la nuestra, sin embargo, esta entrevista y la forma como la solicitaron nos indican algo muy diferente.

¿Porque si el bienestar es una finalidad común, porque nos hacen sentir a nosotros que lo estamos buscando como si fuera algo malo?

Nosotros solo estamos investigando que sus actividades se encuentren dentro de la ley. Decía el Sr. Miles. No se les está acusando de nada, solamente nos estamos cerciorando que sus intenciones sean buenas y no representen una amenaza para el orden que debe de existir y al cual tenemos la obligación de proteger.

¿Creen ustedes con lo que han conocido hasta ahora que representamos una amenaza para el buen orden en este país? Decía Saúl.

Por el momento creo que no representan ninguna amenaza, sin embargo nos preocupa el cómo se vaya desarrollando la organización conforme sean más los miembros integrados, y como vayan ustedes a hacer uso del poder que vayan adquiriendo. El poder y el dinero, comúnmente cambian a las personas y no queremos que esto pueda degenerar en una entidad que se convierta en enemiga del gobierno.

Yo creo que el gobierno y las leyes están para proteger al pueblo y el pueblo somos la gente, y mientras el pueblo alcance un mejor bienestar, menor serán las posibilidades de convertirse en enemigo del gobierno. Un pueblo satisfecho más agradecido estará con el gobierno y menos problemas representaran para este decía Santiago.

Creo que por ahora es suficiente en esta entrevista decía el Sr. Miles. Creo que hemos aclarado que efectivamente podemos ser aliados. Solamente queremos pedirles que nos mantengan informados de sus avances y de sus objetivos, eso nos permitirá conocer hasta donde podemos apoyarles en sus actividades y al mismo tiempo nos permitirá monitorear que no vayan a ser infiltrados por personas que los puedan perjudicar.

Estamos de acuerdo, decía Santiago, solamente díganos la frecuencia y la clase de información que necesitan, y estaremos más que dispuestos a proveérsela.

Lo consultaremos con nuestros superiores y vamos a diseñar el reporte que necesitemos.

Fue en verdad un placer conocerles y esperamos poder trabajar en conjunto.

Igualmente decían Santiago y Saúl, creo que vamos a ser buenos colaboradores.

Saúl y Santiago, se retiraron de las oficinas de la NSA y se dispusieron a volver a sus oficinas en la ciudad de Dallas.

Aunque fue una reunión en términos amistosos, lo sucedido en las oficinas de la NSA, para Santiago y Saúl, solo significaba una cosa: Desde ahora en adelante todas y cada una de sus operaciones estarían siempre bajo el escrutinio del gobierno federal de los EEUU.

Definitivamente el evento en Houston había sido todo un éxito. La mayoría de los asistentes se habían retirado con "muy buen sabor de boca". Se había despertado en todos ellos de nuevo la esperanza de que la vida te prometa cosas maravillosas si estás dispuesto a trabajar por ellas.

Ese mismo día por la tarde, se reunieron Santiago, Saúl, Juan y Vivi.

¿Platíquenos, como les fue en la reunión con los oficiales de la NSA? preguntaba Juan.

Los oficiales fueron amables cuando no pudieron encontrar nada de lo cual agarrarse para atacar, decía Saúl. Sin embargo ahora sabemos que nuestras operaciones estarán siendo vigiladas por el gobierno constantemente.

Incluso ofrecieron apoyo ya que el bienestar y el orden del pueblo es lo que ellos están siempre pendientes de preservar y dijeron que "aparentemente" nosotros estábamos buscando lo mismo, dijo Santiago.

La verdad creemos que lo que verdaderamente les preocupa, es que el bienestar es un anhelo que toda la gente está buscando y al proporcionarse sin limitantes ni manipulaciones de los grupos de poder, pudiera llegar un momento en que dicho poder pudiera salírseles de las manos a estos grupos infiltrados en el gobierno.

Sabemos muy bien que estos "grupos de poder" utilizan el gobierno para mantener su hegemonía.

Se denomina hegemonía al dominio de una entidad sobre otras de igual tipo. Se puede aplicar a diversas situaciones con el mismo significado: un bloque de naciones puede tener hegemonía gracias a su mayor potencial económico, militar o político, y ejerce esa hegemonía sobre otras poblaciones, aunque estas no la deseen. Por «hegemonía mundial» se entiende el dominio del mundo por parte de una sola nación o un grupo de naciones. Wikipedia

El poder es una fuerza que no fácilmente están dispuestos a soltarla quienes actualmente gozan de ella. Decía Santiago.

Lo que está muy claro, decía Vivi, es que de ahora en adelante debemos de caminar "con pies de plomo". No podemos permitirnos caer en algún error, ni el más ligero error que permita al gobierno detener u obstruir nuestros objetivos.

¡Estamos de acuerdo decían los demás!!

¡Que Dios bendiga nuestras acciones acotaba Saúl!!

Capítulo 12
Interesando a otros lideres

Bien ahora vamos a pasar a darles una gran noticia, decía Juan.

Al finalizar nuestro evento en Houston, tuvimos la agradable presencia en la recepción de clausura a María, una líder internacional con más de 30 años de experiencia en la industria del multinivel con éxito sorprendente en más de 7 países alrededor del mundo, que está verdaderamente interesada en ser parte de nuestra organización.

Ella nos dijo que se acerca a nosotros, porque comparte 100 por ciento nuestra filosofía acerca del bienestar, y está interesada en participar con recursos y liderazgo para llevar esta "buena nueva" a todo el mundo.

¡Excelente decía Santiago! ¿Concertaron alguna próxima reunión, donde vive y cuando será posible entrevistarnos?

Coincidentemente, ella ahora se encuentra de visita por Dallas ya que aquí vive una de sus hijas, ella vive en El Paso, Texas, pero normalmente se la pasa viajando a los países en donde se encuentran miembros de su organización. Dijo Vivi.

¿Cuándo quedaron de verse pregunto Saúl?

Quedamos de confirmar la posibilidad de que nos visite aquí en nuestras oficinas este viernes dijo Juan.

Eran las 8:30am del viernes en las oficinas de Círculos Pro bienestar y Saúl y Santiago se disponían para recibir a María con quien tendrían una entrevista ese día a las 9:30am.

María llego puntualmente a la cita acompañada de Alejandro uno de sus socios en su organización.

Es un placer tener la oportunidad de conocerlos a todos ustedes, comentaba María. Durante su convención pude escuchar el concepto tan interesante que tienen acerca del bienestar, del bienestar total.

A través de toda mi experiencia en la industria del network marketing y mi experiencia en multitud de eventos del desarrollo del ser, he llegado a establecer una filosofía acerca de la vida muy similar a lo que ustedes ahora enseñan en los Círculos Pro Bienestar Total.

Es por eso que ahora me encuentro aquí con ustedes para conocernos más de cerca y quizás en un futuro poder colaborar en algunos proyectos de beneficio para nosotros y mucha gente.

Me encuentro ahora en el proceso de establecer Diamond Sculpture Institute, un instituto a través del cual pretendo dejar a la posteridad lo que sería mi legado en agradecimiento a todo lo que he recibido dentro de la industria del network marketing.

¿Muy interesante comentaba Santiago, nos podría usted compartir más ampliamente en qué consisten sus actividades dentro del Instituto?

Claro que si Santiago, contamos con un "taller" al cual hemos titulado "esculpiendo tu vida", decía María.

Es un taller al cual invitamos a las personas a tener un primer contacto con su "interior". Es una experiencia de 8 horas a través del cual se les dan a conocer 7 herramientas que las personas se pueden llevar a sus casas, para que continúen con la búsqueda en su interior de todas aquellas situaciones en que por sus miedos y limites inconscientes, no les ha sido posible responder más adecuadamente a lo que la vida les presenta y por ende no han obtenido los resultados que esperaban.

Las herramientas que se les dan, les permiten conocer cómo es que han estado viviendo y como pueden empezar a cambiar todo aquello que no les sirve y como afianzar e integrar lo que les hace falta para alcanzar el siguiente nivel en sus vidas.

¡Estupendo! comentaba Saúl, creo que va a resultar algo maravilloso de esta relación que estamos iniciando.

Así es comentaba María, estoy segura que así será.

Los talleres se llevan a cabo en las casas de los participantes y son presentados por facilitadores que han recibido el entrenamiento adecuado para tener éxito en la presentación de los mismos. Al mismo tiempo, de cada uno de los talleres surgen constantemente personas interesadas en ser facilitadores y asimismo nuevos talleres.

Creo que sería interesante definir como pudiéramos apoyarnos, comentaba Juan, me imagino que ustedes en

Diamond Sculpture Institute ya tienen su propia estructura y estarán ya ahora trabajando sobre algunos proyectos, decía.

Efectivamente comentaba María, ya tenemos en marcha algunos proyectos pero no creo que sea necesario interrumpir nada de lo que estamos haciendo nosotros, ni nada de lo que ustedes ya tienen, lo interesante aquí es tener muy claro ambos es, que puedo hacer para que el otro se beneficie. Como con nuestra mutua participación vendríamos a acelerar y hacer más eficiente los propósitos de ambos.

Yo creo que por el momento no alcanzaremos a definir como lo haremos, lo importante ahora es saber si estamos dispuestos a colaborar y si es así, será en una próxima reunión que estaremos dando los pasos sobre la planificación decía Santiago.

Me parece muy acertado, contestaba María. De mi parte y después de haberlos conocido, estoy más que dispuesta para trabajar.

¿Igualmente yo decía Santiago, me gustaría saber que opinan mis amigos, Saúl, Juan y Vivi?

La disposición está, ahora veremos en la estructura de los planes que haremos, que tan factible puede ser el colaborar decía Saúl. Así es decía Juan, yo también estoy dispuesto. Asimismo, Vivi afirmo su disposición.

Creo que a partir del Lunes, debemos estarnos enviando por correo electrónico las propuestas mutuas y al término de la siguiente semana buscaríamos una fecha conveniente para la primera reunión de trabajo.

Me parece perfecto acoto María.

La alianza CPBT y DSI.

Creo que uno de los aspectos más importantes en cualquier relación, es reconocer la belleza, las virtudes y la individualidad del otro, decía Santiago.

Cuando esto se reconoce, es entonces que si se puede iniciar una relación donde existirá el respeto y la disposición de fortalecer las virtudes del otro y evitaras la "tentación" de servirte de las virtudes de ellos para engrandecerte tú.

Uno de los peligros más comunes en alianzas de este tipo, decía Saúl, es que durante el trayecto de las actividades, fácilmente caemos en la tentación de preservar "lo nuestro" y "nulificar" al otro.

Y en muchas ocasiones y lo curioso es, que aun sin darnos cuenta, como que nos vamos comiendo o transformando la personalidad del otro y tendemos a someterlos.

Sin embargo, si estamos pendientes de las acciones de cada uno en dicha colaboración, creo que podemos evitar a tiempo cualquiera de estas circunstancias y retirarse antes de terminar rompiendo para siempre una relación que a la postre pudiera haber sido beneficiosa para ambos y para mucha gente. Concluyo Santiago.

Una de las primeras propuestas presentadas, contemplaba la necesidad de que dirigentes de cada organización, tanto de Diamond Sculpture Institute y Círculos Pro Bienestar Total, deberían asistir a sus respectivos talleres y vivirlos como un paso para comprender lo más ampliamente posible los efectos en los demás de la vivencia y los objetivos a lograr dentro de cada una de las organizaciones.

Los primeros en asistir fueron los ejecutivos de Círculos a vivir el taller "esculpiendo tu vida" de DSI.

Con satisfacción comprendieron que dicho taller reunía características de mucho beneficio para los individuos en la búsqueda de su ser interior. Las herramientas que se ofrecían en dicho taller, serian un elemento indispensable y continuo en la interacción que debe de existir siempre entre el consciente y el subconsciente de cada uno, para poder estar en armonía con tu verdadero ser, ese ser espiritual que reconoce que está habitando un cuerpo material y así poder mantener un equilibrio entre ambos.

La siguiente actividad consistía ahora en que ejecutivos de DSI deberían de asistir al taller inicial de Círculos:

"Introducción al Bienestar Total y sus Sistemas para el cambio en la búsqueda del desarrollo social y económico que nos merecemos".

En este primer taller lo que se intenta es abrir la mente de las personas para que estén dispuestas a aceptar que existen alternativas para el desarrollo social y económico de las personas.

Que no necesariamente tenemos que aceptar o adaptarnos a los sistemas que nos han impuesto a través del tiempo los diferentes gobiernos e instituciones para generar riqueza y convivir los unos con los otros en la sociedad.

A reconocer que todo evoluciona y lo que pudo ser efectivo en su tiempo, no necesariamente tenga que seguir imperando, ya que los resultados mantienen a grandes sectores de la población viviendo vidas de insatisfacción silenciosa. Una sociedad en la que "si te rebelas" ante lo establecido, corres el riesgo de caer en la total carencia de los recursos necesarios para la satisfacción de las necesidades más básicas del ser humano.

Desafortunadamente ninguno de los ejecutivos de DSI pudieron dedicar el tiempo para este paso necesario en los acuerdos de colaboración entre ambas organizaciones y lo que se pensó pudiera haber sido una alianza estratégica quedo solo en buenas intenciones y en espera para una segunda oportunidad.

Bendiciones y mejores deseos para todos declaro Santiago.

Para los ejecutivos de Círculos el haber vivido la experiencia de DSI significa una bendición y nos abre las puertas para incluir dentro de nuestros propósitos cada una de sus enseñanzas. Declaro Saúl.

Uno propone y Dios dispone comentaron Juan y Vivi.

Capítulo 13
Continuando con las actividades de CPBT.

Durante la reunión semanal de los ejecutivos de CPBT, Santiago, Saúl, Juan y Vivi, trataban los alcances de la organización y los pasos a dar necesarios para asegurar el avance de la misma después de los últimos acontecimientos.

Haciendo un análisis de los últimos acontecimientos comentaba Juan, después de nuestra primera convención en Houston, la visita de los funcionarios de la agencia de seguridad de los EEUU (NSA) y la breve relación con las personas en DSI, creo que debemos estar claros acerca del alcance de nuestra organización.

Estoy de acuerdo comentaba Vivi, el entusiasmo de todas las personas que asistieron a nuestra convención nos dice que verdaderamente es una necesidad continuar trabajando en pos del bienestar total, las personas de todos los sectores y niveles sociales tiene "un hambre por el cambio". Y el cambio es urgente decía Saúl. La realidad que estamos viviendo nos demanda trabajar con más ahínco para que ese cambio se lleve a cabo.

Este cambio involucra a todos los "actores" en la sociedad de ahora. Decía Santiago.

Los gobiernos, la política, la educación, la economía, la salud física y emocional, la forma en que nos relacionamos unos con otros, el trabajo, el arte, las actividades de esparcimiento y los momentos para descansar y meditar para encontrar la armonía entre los dones que nos fueron otorgados y la misión que nos fue encomendada a cada uno en esta vida, continuaba Santiago, son cambios que se tienen que dar en nuestras sociedades y Círculos, estoy seguro, forma parte integral para que ese cambio se materialice....

En verdad que es una tarea monumental, decía Saúl. Solos o con la participación de pocas personas, jamás podremos llevarlo a cabo. Es por eso que tenemos que estructurar los procedimientos para encontrar a LOS LIDERES ADECUADOS.

LIDERES CON ESPIRITU DE SERVICIO que podamos encontrar, atraer y formar en nuestra ideología para que esta se convierta en la misión más importante de sus vidas.

Tenemos que encontrar el procedimiento más eficaz para que esto se logre de la forma más acelerada posible, pero al mismo tiempo de la forma más coherente que garantice la continuidad a través del "crecimiento" constante de los participantes. Concluía Saúl.

Capítulo 14
La búsqueda de Líderes con Espíritu de Servicio

El liderazgo es una cuestión de inteligencia, honradez, humanidad, coraje y disciplina...

«Cuando uno tiene las cinco virtudes todas juntas, cada una correspondiente a su función, entonces uno puede ser un líder.» Wikipedia.

Para nosotros en Círculos decía Santiago, un líder con espíritu de servicio es aquel que además de todas y cada una de las virtudes mencionadas anteriormente, dispone del amor, el cual es quien impulsa todas y cada una de sus decisiones.

La dinámica propuesta por la organización solo puede ser efectuada por personas dispuestas a tomar un compromiso serio de llevar bienestar a los miembros de su círculo, a los miembros de su "familia extendida".

Sin embargo para que el bienestar se experimente, es necesario no solo recibir sino DAR también.

Son sorprendentes las fuerzas que se activan en uno cuando se está dispuesto a no solo recibir, sino también a dar, decía Santiago.

Me gustaría que hagan una meditación al respecto les decía Santiago a sus socios y amigos en Probien.

Cierren sus ojos y experimenten cual es el sentimiento en ustedes cuando reciben un beneficio de alguien más. Un beneficio en cualquiera de sus modalidades: beneficio material, conocimiento, reconocimiento, caricia etc. etc.

Que sienten, decía Santiago. Agradecimiento, alegría, satisfacción. Una sensación de estar protegido, una sensación de ser importante para alguien….

¿Sin embargo, cuando deciden DAR, cual es el sentimiento?

Desde el momento que te pones a decidir a quién vas a beneficiar es algo así como cuando te dispones a declarártele a tu primer amor. Sientes ilusión y una fuerza tan poderosa que te hace sentir capaz de cualquier cosa. No hay "imposibles" por eso es que somos capaces de describirlo como "poner el mundo a los pies de tu ser amado"

Cuando te dispones a amar se te va el "miedo" y eres capaz hasta de tu propia vida darla por el otro.

Por eso es que les digo que para experimentar el verdadero bienestar total es necesario no solo recibir sino dar también.

Si solo experimentamos una de las partes, no ocurre la magia de experimentar ese "reino" del que nos habló Jesús.

Ya no hay nada más que esperar, solo abrir el corazón y disponerte a compartir con tu familia extendida todos los dones que Dios te regalo! Emocionado compartía Santiago.

Servir quiere decir dar, sacrificar una parte de sí mismo, de lo que se posee, en favor de otros, escribió Jean-G. Lossier. Según él, es necesario, en primer lugar, conocerse, encontrarse a sí mismo, único medio de conocer y de encontrar a los demás. Es muy cierto que cuanto más grande sea nuestra riqueza interior, más frutos producirán nuestro trabajo. Si no hay luz en nosotros, ¿cómo iluminaremos el camino?

Sencillamente "no podemos dar lo que no tenemos", y aunque lo que intentamos dar en Círculos para apoyar el bienestar total en los otros, es tiempo, atención y disposición, la mayoría de las personas pensamos que nuestro tiempo, atención y disposición, no tienen ningún valor.

Entonces... decía Santiago, nuestro papel ahora como fundadores e impulsores del movimiento será el reconocer estos valores en las personas y hacerles ver la necesidad tan imperiosa de que lo compartan con otros.

Reflexionando sobre esto, decía Saúl, puedo ahora ver como un gran problema en nuestras sociedades ahora, es la **inseguridad, la insatisfacción y depresión existente** en muchos de nuestros jóvenes, expresado en la drogadicción, alcoholismo y suicidios en cada una de nuestras comunidades, ha sido consecuencia precisamente por la falta de tiempo, atención y disposición de apoyo de ambos padres para con los hijos desde edades muy tempranas.

Tiempo, atención y disposición.

Los anteriores son valores disponibles en todo ser humano.

Para un bebe, decía Santiago son los valores otorgados por los padres que permiten que este "incipiente" ser humano continúe con su existencia.

Si un bebe no dispone del tiempo, la atención y disposición de sus padres por darle "vida" tanto física como emocional, lo más probable es que este bebe muera o física o emocionalmente.

Estos valores de los que disponemos como seres humanos, continuaba Santiago, nunca debieran de detenerse en nuestras interacciones con los demás, durante toda la vida.

La propuesta de nuestra organización; Círculos Pro Bienestar Total, precisamente contiene estos valores como la "medula espinal" de su funcionamiento.

Si en los Círculos no se están recibiendo y dando estos valores, nunca llegaremos a ningún lado, replicaba Santiago con un dejo de emoción.

La falta de tiempo, el no poder poner la atención y el no estar dispuestos, son los males que aquejan a nuestra sociedad en estos tiempos modernos.

Existen muchas "fuerzas" exteriores que nos evitan brindar lo más valioso de la vida: El trabajo, la diversión, el esparcimiento, los negocios, el dinero, la política, y hasta el fanatismo religioso que nos absorben totalmente y nos privan de poder otorgarnos vida, los unos a los otros, concluía Santiago.

En algunas ocasiones, comentaba Juan, estamos tan cerrados no tanto para dar, sino también para recibir que "damos por sentado" lo que los demás nos ofrecen, nuestra esposa, nuestros hijos, etc. que le restamos valor.

Caemos en el tedio muy fácilmente, decía Juan.

Cuando aprendamos a agradecer lo de cada día, entonces y solo hasta entonces sabremos apreciar lo valioso con lo que contamos con tan solo la presencia de nuestros seres queridos en nuestra vida.

La verdad decía Saúl, creo que las consecuencias de la disfunción social ya son evidentes. Como decía anteriormente, **la inseguridad, la insatisfacción y depresión** existentes en muchos de nuestros jóvenes lo evidencian.

Podemos decir que ya estamos viviendo en una sociedad "enferma" recalcaba Saúl. No es algo que aun podamos prevenir. Es algo que ya sucedió y tenemos que disponernos a enfrentar y solucionar si queremos que en un futuro podamos convivir en armonía y disfrutar de la bendición de la vida.

Es alarmante conocer las cifras estadísticas acerca de este problema. La OMS (Organización Mundial de la Salud) para Octubre del 2012, declaraba que habremos un aproximado a 350 millones de personas con depresión en el mundo.

La inseguridad emocional: es una sensación de malestar, nerviosismo o temeridad, asociado a multitud de contextos, que puede ser desencadenada por la percepción de que uno mismo es vulnerable, o una sensación de vulnerabilidad e inestabilidad que amenaza la propia autoimagen o el yo.

Una persona que es insegura no tiene confianza en su valía y capacidades; carece de confianza en sí mismos u otros; pueden pensar que los demás les defraudarán, y temerán defraudarles ellos mismos; o desconfía de que las actuales circunstancias positivas sean tan sólo temporales.

La insatisfacción: Sentimiento de malestar o disgusto que se tiene cuando no se colma un deseo o no se cubre una necesidad. Cosa que provoca malestar o disgusto. La anterior es la definición de la palabra y todos hemos pasado en alguno que otro momento ese sentimiento. Sin embargo lo que está sucediendo ahora con más frecuencia es la insatisfacción crónica, una insatisfacción presente durante la mayor parte del tiempo.

La depresión: es el diagnóstico psiquiátrico que describe un trastorno del estado de ánimo, transitorio o permanente, caracterizado por sentimientos de abatimiento, infelicidad y culpabilidad, además de provocar una incapacidad total o parcial para disfrutar de las cosas y de los acontecimientos de la vida cotidiana (anhedonia). Los trastornos depresivos pueden estar, en mayor o menor grado, acompañados de ansiedad.

Así es mis queridos amigos, decía Santiago eso precisamente es lo que tenemos que enfrentar y solucionar con Círculos.

Capítulo 15
Hacia el interior de Santiago

Como a las 10pm Santiago se dispuso a salir de su oficina para dirigirse a casa después de un día bastante agotador en el que salieron a la luz los "obstáculos" reales a los cuales se estaban enfrentando a través de su misión de vida en la organización.

En momentos como esos y después de más de 8 años de estar trabajando con este proyecto, a Santiago le parecía estar cargando con una loza demasiada pesada.

Ya no contaba con la juventud de hace más de 40 años cuando había tomado una de las decisiones más importantes de su vida al tomar en matrimonio a Yadira, la compañera de toda su vida y con quien a pesar de no haber tenido hijos, habían compartido toda su vida juntos.

Yadira había llegado a la vida de Santiago cuando ella tenía apenas 14 años de edad y el 17.

Dos jóvenes que se habían criado en familias disfuncionales ya que ambos habían sido abandonados por su padre y fueron sus madres quienes les dieron su amor y atención durante esos incipientes años que vivieron antes de conocerse y casarse.

Santiago, hijo único y Yadira la 4ta en una familia de 9.

Para esa edad ya ambos habían experimentado una vida bastante acelerada y habían madurado lo suficiente debido a los acontecimientos en sus respectivas familias.

Santiago para su madre "Nachita" había sido el único hijo, ya que esta se divorció de su esposo, el padre de Santiago a los seis meses de casada y dedico el resto de su vida a trabajar y educar a Santiago. Decidió nunca volver a casarse y se entregó por entero a su hijo.

Nachita, una mujer trabajadora, disciplinada y responsable, tenía centradas todas sus expectativas de la vida en el desarrollo y éxito de su hijo Santiago a quien con su afán de cuidado había hasta cierto punto asfixiado la vida de éste, con su protección excesiva y nerviosismo.

Las inquietudes y deseos naturales en aquel niño de vivir y experimentar la vida con todas sus opciones, habían sido truncadas por aquel cuidado excesivo de su madre.

Yadira, la 4ta. En una familia de 9, vivió una infancia con muchas limitaciones económicas, además de haber sufrido de los 5 a los 9 años de edad, una separación forzosa de su familia, pues de los 9 hermanos, fue a ella a la que le toco tener que irse a vivir por orden de su padre, con unos parientes retirados, ya que supuestamente dicha familia retirada, necesitaba de la presencia de ella para que fuera compañera de juegos de la niña en esa casa.

Esta situación le afecto grandemente a Yadira, ya que nunca obtuvo una respuesta aceptable del porqué de esa decisión.

Y fue tanto el trauma que le causo, que durante gran parte de su vida, Yadira siempre vivió buscando la aceptación de los demás, atendiendo primero las necesidades de otros, antes que las suyas, porque inconscientemente en su mente se había grabado aquel rechazo de parte de su padre, de su madre y hermanos al haberla enviado a vivir con esa familia desconocida por esos 4 años en su infancia…..

En esos momentos en que regresaba Santiago a su casa tan tarde, después de ese día tan agotador en la oficina de la organización de Círculos, y de haber hablado con sus amigos acerca de la enfermedad social existente actualmente, venían a su mente todos aquellos recuerdos de la infancia.

Se preguntaba Santiago.. ¿Acaso estoy trabajando en Círculos Pro Bienestar Total buscando escapar de todos aquellos traumas ocurridos durante la infancia, o es realmente la misión de vida para la cual fui creado?

Al reflexionar sobre esto, Santiago llego a la conclusión que invariablemente cada uno de nosotros venimos a esta vida con un propósito y que cada una de las circunstancias que acontecen en tu vida, aun antes de tu nacimiento, tienen que ver como preparación para dicho propósito.

Lo importante es descubrirlo, reconocerlo y disponerte a actuar en pos de ello con todas las fuerzas de tu ser, con una determinación inquebrantable y con una claridad sin lugar a dudas, para que llegues a realizarlo aun a costa de tu propia vida y así cuando te toque despedirte, lo hagas con la satisfacción de haber cumplido con aquel propósito que tú mismo te asignaste cuando decidiste venir a este mundo.

El propósito para la vida en cada una de las personas, pensaba Santiago, debiera de ser algo así como la fecha de nacimiento. Algo de lo cual no te puedes desprender y nace contigo, y que con el transcurrir del tiempo se te va clarificando, y que además, los acontecimientos en la vida te van encaminando hacia ello.

El bienestar total que impulsaban en la organización de Círculos, será la consecuencia del estilo de vida que se estaba enseñando en cada uno de los grupos.

Se estima que la tierra como planeta se formó aproximadamente hace 4,550 millones de años, y la vida surgió mil millones de años después, o sea hace 3,550 millones de años y se estima que el planeta seguirá siendo capaz de sustentar vida durante otros 500 millones de años más.

Lo que somos actualmente es el resultado de la evolución de la vida, durante los últimos 3,550 millones de años y ahora solo nos quedan 500 millones para evolucionar lo suficiente como para que seamos capaces de emigrar, sembrar vida en otro planeta y continuar nuestra existencia en algún otro lugar del vasto universo.

Pues bien…pensaba Santiago, el propósito que cada uno traemos a este mundo, hará posible que nuestra evolución se complete dentro del tiempo que nos queda y así el plan de Dios continúe inexorablemente.

Hundido en todos estos pensamientos estaba Santiago cuando por fin llego a casa.

Como te fue hoy tesoro, le decía Yadira a Santiago al llegar a casa.

Muy bien preciosa, solo que este será un día para recordar, me puse algo melancólico al salir de la oficina y así me vine durante todo el trayecto hasta aquí.

Santiago sabía que era necesario meditar y sacar fortaleza a través de su relación con Dios. Fortaleza para continuar con su propósito en la vida y en Círculos, mantener bien claros sus objetivos y trabajar por ellos.

Al día siguiente por la mañana, Santiago llego a las oficinas como era costumbre y se disponían a tener su reunión matutina de todos los días.

Pues bien queridos amigos, decía Santiago como bienvenida a Saúl, Juan y Vivi.. ¿Que nos ocupa tratar el día de hoy, que asuntos tenemos pendiente?

Creo que debemos iniciar a coordinar el 1er evento donde se hará la primera selección de la empresa a participar, decía Saúl. Actualmente contamos con una membresía de 2,853 personas y creo que no tardamos mucho en completar el objetivo de 3,785 personas esperado.

Creo que es importante informar a los miembros lo cerca que estamos ya de esto, decía Vivi. Existe mucho entusiasmo y disposición para esto entre la comunidad.

Ayer hable con 5 líderes activos en Houston, comentaba Juan y me dicen que están gratamente sorprendidos de como la convención que tuvimos allá ha venido a acelerar el crecimiento en esa ciudad de Texas.

Asimismo, en San Antonio, Austin y Laredo y de ahí ya se están moviendo para alcanzar El Paso, Corpus Christi, Brownsville y McAllen, decía Santiago.

La población Hispana en Texas, es una de las más grandes en el país. Hasta el 2012 había una población estimada de 26'059,203. de los cuales el 35.4% son de origen hispano 9'224,957.

Las expectativas de crecimiento, solo en Texas en nuestra Organización para el 2018 son de medio millón de personas.

Medio millón de personas, consumiendo un promedio de $100 mensuales, representa un poder de consumo de 50 millones mes x mes.

Me gustaría que se hiciera un análisis de la información que hemos obtenido acerca de las empresas que hemos estudiado. Decía Santiago.

De todas ellas esperamos que seleccionen a 3 para invitarlas al evento, para que nos expongan de "viva voz" de sus ejecutivos, todas y cada una de sus "virtudes" y así de esa manera los miembros asistentes al evento y los demás que nos estén viendo por televisión, puedan llevar a cabo su votación para elegir a esa primera empresa, decía Saúl.

La realización de este evento, decía Santiago, disparara el interés de mucha gente, significara para muchos "el punto de partida", ya que verán que aquello que comenzó como un sueño, entre Saúl y yo ahora es una realidad, y....

Debemos estar preparados para ello.

Para ese entonces debemos de tener ya un equipo trabajando en la oficina, que mantenga el seguimiento efectivo de todas esas personas, afirmaba Santiago.

Cada uno de nosotros, debemos de estar bien claros en los términos de negociación con esas empresas iniciales... comentaba Saúl, para todos ellos la propuesta vendrá a significar un cambio en la industria que nunca antes se había implementado, por lo tanto... no será fácil, sin embargo, estamos seguros que lo vamos a lograr.

Sobre todo en el aspecto de "no exclusividad" de parte de los consumidores en Círculos; nuestra organización.

Debe de quedar bien claro que las intenciones de nuestros miembros serán la de cambiar nuestros hábitos, y proveernos totalmente de los servicios y productos que comprenden nuestro amplio "abanico de consumo" de todas las empresas que los producen y utilizan el sistema de network marketing para su distribución, y así beneficiarnos de los residuales compartidos por todas ellas, decía Saúl.

Cambiando algunos paradigmas sociales

En ciencias sociales, el término "paradigma", se usa para describir el conjunto de experiencias, creencias y valores que afectan la forma en que un individuo percibe la realidad y la forma en que responde a esa percepción. Wikipedia.

Mis queridos amigos, decía Santiago, la propuesta que estamos nosotros presentando en Círculos Pro bienestar

Total, rompe... O intenta romper algunos de los paradigmas existentes en la sociedad actualmente.

Cuando la gente está convencida de algo, por las experiencias, creencias y valores que le ha tocado vivir, el cambio no se dará tan fácilmente.

Para la gran mayoría de la gente "la realidad" consiste en lo siguiente:

Tienes que "ser obediente": Este paradigma inculcado a través de muchas generaciones, presupone que si tienes que ser obediente, siempre existe algo o alguien "externo" a quien le rendirás esa obediencia. Con esta exigencia, se inicia a nulificar o suprimir al ser más importante de la vida de cada uno de nosotros: **nosotros mismos.**

Lo que nuestro interior nos pida, siempre deberá dejarse en segundo término, ya que primero hay que obedecer a ese algo o alguien externo que nos está demandando.

Hay que tener disciplina: ¿Que se entiende por disciplina?

El conjunto de normas, que ordena y organiza el comportamiento y la conducta del ser humano. Wikipedia.

No hay nada malo con ser disciplinado, cuando la disciplina adoptada se encamina para lograr algo que voluntariamente hemos decidido lograr.

El problema radica en que se nos exija ser disciplinados para lograr los objetivos de alguien más.

El trabajo "dignifica": Es un error pensar que el trabajo es la única forma de producir dinero. Enseguida les comparto algunas frases célebres acerca del trabajo:

"A ningún hombre debe obligársele a hacer el trabajo que puede hacer una máquina." Henry Ford

"Algo malo debe tener el trabajo porque si no, los ricos lo habrían acaparado." Mario Moreno – Cantinflas

El trabajador aislado es el instrumento de fines ajenos; el trabajador asociado, es dueño y señor de su destino." José Enrique Rodó

"El trabajo es el refugio de los que no tienen nada que hacer." Oscar Wilde

"No hay trabajo malo, lo malo es trabajar" Don Ramón

"Cuando el trabajo es un placer, la vida es bella. Pero cuando nos es impuesto, la vida es una esclavitud" Máximo Gorki

"Sé amable con los nerds (yo fui uno de ellos). Hay muchas probabilidades de que termines trabajando para uno de ellos" Bill Gates

'Mira si será malo el trabajo, que deben pagarte para que lo hagas' Facundo Cabral

La gente que trabaja mucho no tiene tiempo para ganar dinero. Sin autor

Si trabajas para vivir... ¿por qué te matas a trabajar? Sin autor

El trabajo es un invento de los ricos para mantener ocupados a los pobres. Sin Autor

Es mentira que no se puede vivir sin trabajar, yo vivo para probar esta teoría. Sin Autor

Nunca se puede ser, ni tener todo en la vida: Por último, mis queridos amigos, hablando de paradigmas, decía Santiago; les comento brevemente acerca de éste, del cual yo difiero totalmente.

El pensar de esa manera, nos limita la opción de por el contrario, vivir para ser y tener todo en la vida. La vida debe vivirse plenamente.

Como ustedes saben, el sistema diseñado en Círculos, es precisamente con el objetivo de apoyarnos para alcanzar el bienestar total en nuestra vidas, y entendemos como bienestar total: *la salud física y emocional, las relaciones satisfactorias con los demás y alcanzar la abundancia económica o la libertad financiera.*

Al definir el bienestar total dentro de estos 3 aspectos, no ilumina el camino para saber lo que haremos.

Solamente con salud, relaciones y dinero, la vida se podrá experimentar en toda su plenitud. *Y definitivamente, si se puede tenerlo todo.*

Esa precisamente, es la "obstrucción mental" que tenemos que derribar y la única forma que lo lograremos es con el conocimiento.

Para eso es que hemos establecido los Círculos, esos pequeños grupos de apoyo en donde obtendremos en teoría y práctica las verdades o axiomas que proclamamos.

Y si, pequeños grupos donde todos tengamos oportunidad de participar "dando y recibiendo" y así salgamos de esa gran trampa de permanecer por siempre siendo solamente alumnos, solamente recibiendo la información, pero nunca llevándola a la acción, ya que a través de la acción será como lograremos la transformación al integrar con los actos en nosotros, cada una de estas verdades, finalizaba Santiago.

Capítulo 16
Los infiltrados

¿Yo quisiera tocar el tema de cómo le vamos a hacer para evitar que se integren en la organización personas con antecedentes peligrosos o pertenecientes a organizaciones en la delincuencia organizada? decía Juan

Muy buen tema...afirmaban Saúl y Vivi.

Muy buena pregunta compañeros...decía Santiago.

Nunca estaremos exentos a que esto pueda ocurrir, por lo tanto debemos de estar preparados para enfrentarlo, ya que sería no solamente un riesgo de contaminación entre la mentalidad de nuestros miembros, sino que estamos hablando de cuestiones de vida o muerte.

¡Una amiga de la infancia me acaba de informar que un compañero quien ejercía como profesor, hacia una semana que había desaparecido y resulta que fue secuestrado desde su propia casa por sicarios que lo asesinaron porque había reprobado a un alumno, hijo de estos!!

¡En verdad que el prepararnos para esta posibilidad, va a requerir no solamente de toda nuestra inteligencia, sino también de la iluminación del Supremo!!

Sugerencias...preguntaba Santiago.

Por un lado, creo yo, decía Vivi que es bueno agregar a nuevos miembros como lo estamos haciendo, solo por referencia de miembros ya activos. Creo que debemos poner especial atención a aquellas personas que llegan por información obtenida por otros medios y no por referencia.

Creo que el requerir una cedula de antecedentes sería muy limitante para algunas personas... y estaríamos cerrando la puerta a algunos elementos positivos que no estarían en posibilidades de brindarla, decía Santiago

Así es, comentaba Saúl.

Pues algo es necesario hacer para evitar esta posibilidad, decía Juan.

Creo que debemos de confiar en la sinergia* que producimos dentro de la organización. Si la intención que tenemos es buena...buena tendría que ser la respuesta que venga de afuera. Decía Santiago.

Además, la influencia que ejercemos cada uno de nosotros, dependerá siempre de que tan activos nos encontremos, mientras que no invitemos a nadie a ser parte del grupo... difícilmente avanzaremos en la influencia que podamos ejercer. ¡Y naturalmente eso nos llevara a alejarnos tarde o temprano!! Afirmaba Santiago.

*La sinergia: comúnmente refleja un fenómeno por el cual actúan en conjunto, varios factores, o varias influencias, observándose así un efecto además del que hubiera podido esperarse operando independientemente, dado por la con-causalidad a los efectos en cada uno. En estas situaciones, se crea un efecto extra debido a la acción conjunta o solapada, que ninguno de los sistemas hubiera podido generar en caso de accionar aisladamente.

En el lenguaje corriente, el término tiene una connotación positiva, y es utilizado para señalar un resultado más favorable cuando varios (léase muchos) elementos de un sistema o de una organización actúan concertadamente. Más prosaicamente, se entiende que hay sinergia positiva cuando el resultado es superior a la suma de los resultados de cada elemento o de cada parte actuando aisladamente. Esto es resumido muy simplemente con el aforismo uno y uno hacen tres. Wikipedia.

Tenemos que confiar…afirmaba Saúl.

Que no "Panda el Cúnico"

Que no cunda el pánico, decía Santiago…no dejemos que el miedo nos paralice, una infinitud de proyectos maravillosos han dejado de ser posible debido a la parálisis que produce el miedo.

Todo lo que tiene que suceder, sucederá y debemos de confiar como nos dice Don Quijote, que hasta la más mínima hoja no se moverá, si no es por la voluntad del Padre.

... . Encomendadlo a Dios, Sancho -dijo don Quijote-, que todo se hará bien, y quizá mejor de lo que vos pensáis, que no se mueve la hoja en el árbol sin la voluntad de Dios...

Capítulo 17

Una utopía. *https://es.wikipedia.org/wiki/Utop%C3%ADa*

Muchas veces se nos ha calificado de ser utópicos en nuestro empeño de introducir el sistema de Círculos en la actualidad, y verdaderamente en lugar de "ofendernos" nos agrada el que nos den ese calificativo, porque como pueden ver si se dirigen a la dirección mencionada arriba, comprenderán con certeza lo que eso significa.

Funciones de las utopías:

A pesar de este carácter novelado o ficticio de las utopías, a lo largo de la historia del pensamiento se les han atribuido funciones que van más allá del simple entretenimiento.

Función orientadora. Las utopías consisten, básicamente, en la descripción de una sociedad imaginaria y perfecta. Y, aunque para muchos pensadores la realización completa de este sistema sea imposible, algunos de los procedimientos que se describen pueden aplicarse a posibles reformas y orientar la tarea organizadora de los políticos. Aunque la utopía en su conjunto pueda verse como un sueño inalcanzable, para algunos sería útil en orden a señalar la dirección que deben tomar las reformas políticas en un Estado concreto.

Función valorativa. Aunque las utopías son obras de un autor determinado, a menudo se reflejan en ellas los sueños e inquietudes de la sociedad en la que el autor vive. Por esta razón, permiten reconocer los valores fundamentales de una comunidad en un momento concreto y, también, los obstáculos que éstos encuentran a la hora de materializarse. Por ello, para muchos autores, las utopías no sirven tanto para construir mundos ideales como para comprender mejor el mundo en el que vivimos.

Función crítica. Al comparar el Estado ideal con el real, se advierten las limitaciones de este último y las cotas de justicia y bienestar social que aún le restan por alcanzar. De hecho, la utopía está construida a partir de elementos del presente, ya sea para evitarlos (desigualdades, injusticias...) o para potenciarlos (adelantos técnicos, libertades...). Por eso, supone una sutil pero eficaz crítica contra las injusticias y desigualdades evidentes tras la comparación. Incluso si consideramos que la sociedad utópica es un disparate irrealizable, nos presenta el desafío de explicar por qué no tenemos al menos sus virtudes.

Función esperanzadora. Para algunos filósofos, el ser humano es esencialmente un ser utópico. Por un lado, la *necesidad de imaginar mundos mejores es exclusiva de la especie humana* y, por otro, esta necesidad se presenta de forma inevitable. El hecho de ser libres, de poder soñar con lugares mejores que el que nos rodea y de poder actuar en la dirección de estos deseos está íntimamente conectado con nuestra naturaleza utópica. Ésta es, además, la que justifica el hálito de esperanza que siempre permanece en los seres humanos: por muy injusto y desolador que sea el propio entorno, siempre resultaría posible imaginar y construir uno mejor.

La intención que tenemos cada uno de los miembros de Círculos Pro Bienestar Total, no es la de construir un mundo perfecto, sino la de alcanzar a tener un mundo mejor.

Para nuestra imaginación, no existe nada imposible, todo es posible a través de la imaginación, virtud exclusiva del ser humano.

Capítulo 18
La seducción del gobierno

Después de la reunión con sus compañeros, Santiago al llegar a su oficina privada, se puso a escuchar los mensajes y encontró uno del Sr. Miles, el director de la NSA, con quien ya antes habían tenido una entrevista.

En el mensaje, el Sr. Miles le pedía que llamara lo más pronto posible, ya que tenía algo importante que notificarle.

Muy buenos días Sr. Miles, aquí, Santiago, devolviéndole su llamado.

¡Excelente Santiago, me da gusto que haya devuelto la llamada, queremos notificarle buenas noticias!!

Después de un buen tiempo ya de estar al tanto de sus actividades y hacer una encuesta telefónica entre sus asociados, hemos llegado a la conclusión que sus esfuerzos y los efectos en la comunidad son positivos.

Por lo tanto, el gobierno de los EEUU ha decidido incorporar a Círculos Pro bienestar total, como un "elemento" o recurso más dentro del departamento de Salud y Recursos Humanos (HHS), departamento que se encuentra actualmente bajo la dirección de Mr. Price

Por lo tanto, mi llamada es con la intención de programar próximamente una posible entrevista en Washington con Mr.

Price, Ud, y las personas de su organización que considere pertinente.

Para Santiago, esta llamada fue impactante, nunca podía haber esperado una posibilidad como la que le estaban ofreciendo.

Le agradezco sinceramente su deferencia, sin embargo esto es algo que tengo que consultar con mis asociados y a la brevedad posible, nos comunicaremos con usted para estos propósitos.

Una oportunidad como esta no se da todos los días, Santiago decía Mr. Miles, por lo tanto espero que pronto me llame para confirmar la misma.

Así será Mr. Miles, concluía Santiago….hasta luego.

Saúl, debemos de tener una reunión urgente para hoy, después de la comida con Juan y Vivi…. Comunícales por favor.

En este mismo momento lo hare….contesto Saúl.

Para la 1:30pm ya estaban Saúl, Juan, Vivi y Santiago reunidos en la sala de conferencias de las instalaciones de la organización.

Les comunico que esta mañana tuve una breve conversación con el Sr. Miles de la (NSA) en donde me informa que el gobierno de los EEUU tiene interés en incorporar a Círculos Pro Bienestar Total como un programa más dentro de los servicios de Salud y Recursos Humanos (HHS)….que les parece.

En verdad que si es impactante la noticia…como para "volarle la tapa de los sesos" a cualquiera decía Juan.

A lo mejor esto es una respuesta de Dios a todos esos riesgos que estuvimos ya comentando anteriormente, decía Vivi.

Aparentemente así pudiera parecer, comentaba Saúl... sin embargo creo que, de raíz, los propósitos de Círculos y los "intereses" del gobierno creo que difícilmente pudieran conciliarse.

Como ya hemos comentado y por las investigaciones que hemos realizado, sabemos que "los intereses" del gobierno, obedecen a los intereses de los más poderosos. Esa elite del poder global* que mantiene al "grueso" de la población permanentemente en "necesidad" para que no tengan tiempo de ser "creativos" al tener la mayoría de sus necesidades básicas resueltas.

*https://es.wikipedia.org/wiki/C._Wright_Mills
*https://es.wikipedia.org/wiki/Elite

Al ser parte del gobierno, decía Santiago, los propósitos de Círculos de llevar a alcanzar el bienestar total a todos, sería imposible de lograr, ya que le elite, se encargaría que así fuera.

La canalización de los recursos financieros sin límite a adquirir a través del "consumo organizado" que proponemos, estaría siempre en control y limitado por el gobierno, afirmaba Santiago.

Definitivamente, decía Santiago, no debemos dejarnos "seducir", además como todos ustedes saben, muchos de nuestros miembros, que no son parte del personal laboral de nuestra organización, no cuentan con documentos de residencia en el país, por lo tanto, al Círculos tomar una decisión así, de ser parte del gobierno, automáticamente ahuyentaría a gran parte de nuestros miembros.

¿La situación por ahora, es buscar como daremos respuesta a la solicitud? Decía Saúl.

Quizás, tengamos que ponernos a diseñar una propuesta por escrito en donde se establezcan los parámetros de la relación que necesitamos, para evitar estar "sumisos" a su dirección, pero sin embargo mantenernos en cooperación en algunos aspectos. Decía Santiago.

Mantenernos "autónomos" pero en relación satisfactoria para ambos...decía Saúl.

Bien, yo le comunicare mañana por la mañana lo que acordamos en esta reunión al Sr. Miles, y le pediré al menos 2 semanas para elaborar nuestra propuesta que les haríamos llegar en esa entrevista a Mr. Price de la HHS. Finalizo Santiago.

¿Qué otras nuevas tenemos de los líderes en las diferentes comunidades?

¿Cuáles testimonios tenemos que pudieran servirnos como promoción de la organización?

Hemos tenido una respuesta abundante de los líderes en la frontera con México. Decía Juan.

En dichas comunidades, desde Brownsville hasta el Paso, ha habido un entusiasmo generalizado por la participación de residentes en las ciudades del lado mexicano, continuaba Juan.

La vida cotidiana en cada una de esas comunidades fronterizas desde Texas a California son muy diferentes a como se convive en el resto del país. En la mayoría de ellas, la interacción entre las diferentes poblaciones la mexicana y de los EEUU es muy activa. Comentaba Santiago...

Como ustedes saben, yo soy originario de Nuevo Laredo, viví 25 años de mi vida en ese "interactuar" del que les hablo.

Se puede aprovechar con mayor margen las "ventajas" de un lado y otro, y al mismo tiempo se pueden evitar, con mayor facilidad también las "desventajas".

A modo de "chascarrillo" les comento que frecuentemente bromeo con mi familia cuando se percibe alguna amenaza en los EEUU, les digo....no hay problema.... Nos vamos a Nuevo Laredo....

Algunas de las diferencias más marcadas entre las dos comunidades son el ingreso que se obtiene, la diferencia entre el salario mínimo en los EEUU que es de 7:25 Dls. la hora = 58 dls. Al día, y el de México que es de $73.04 pesos al día = $4.06 dls.

Además de los salarios, existe una gran diferencia en la eficiencia de los servicios públicos entre ambos países: electricidad, agua, gas, carreteras, transporte público, internet, etc. etc.

En otras palabras....se puede vivir más cómodo en los EEUU.

Por lo tanto, la respuesta de la población en las ciudades del lado mexicano... sobre todo en los sectores de la población más "necesitada" a propuestas como la de Círculos y proveniente de los EEUU, reciben una muy buena acogida. Decía Santiago.

Como ustedes saben, en nuestra organización entre más gente podamos beneficiar con nuestra propuesta, mayor éxito para todas las partes, continuaba Santiago.

La participación de las personas es accesible para la gran mayoría. No existen limitantes ni económicas, ni sociales, ni intelectuales, ni de genero ni de edad (solamente tiene que ser mayor de edad) para ser miembro activo.

Además, "el consumo organizado" como vía para alcanzar la libertad financiera, también está disponible ahora en la mayoría de los países del mundo, desde América hasta Europa, Asia y Oceanía.

Tenemos que ponerle atención a la respuesta de las personas viviendo en la frontera mexicana.

Hay que fortalecer el entrenamiento y liderazgo en ellos, ya que estarían en posibilidades de llevarlo a todo México… Centro y Sudamérica.

Una gran parte de nuestros esfuerzos... Deberá estar enfocado en ello. Intensificaremos el entrenamiento, facilitaremos todos los recursos financieros que se generen a través de las actividades y talleres, para que dichos líderes estén a tiempo completos con la organización, y se puedan solventar los gastos de expansión que eso requerirá.

Pues bien...decía Santiago...por favor Saúl, hay que identificar al menos a 25 de los líderes más adecuados para hacerles la invitación a Dallas y vivan una experiencia de 7 días con la organización.

Así lo hare...querido amigo... decía Saúl.

Capítulo 19
El éxito de Alejandro y Rosaura

¿Y qué noticias hay acerca de Alejandro y Rosaura?

¿Aquellos amigos que fueron de las primeras personas en inscribirse en la organización y que compartieron en nuestra última convención en Houston?

Vivi, toma el ordenador y busca cual es la actualidad de dichos líderes, respecto al crecimiento de la organización...

Pues sí. En verdad que no han parado de trabajar decía Vivi, de los 3,427 miembros actuales en la organización, 1,898 pertenecen a su red.

Si iniciáramos en este momento la participación en la primera empresa para el consumo organizado... estos amigos estarían recibiendo un primer cheque de residuales por $189,800.!

Qué barbaridad...decía Juan.. en verdad que la abundancia económica y la libertad financiera que se obtendrá con la propuesta de Círculos, están a la "vuelta de la esquina".

Espero que podamos llevar a cabo dicho evento para la fecha que lo tenemos programado, decía Santiago.

En estos momentos de las empresas con sus centros de operaciones en los EEUU dentro del sector salud (que será en el primer sector que participaremos) y de las 72 que existen... ya tenemos identificadas a las 3 empresas a las cuales les haremos una visita en Marzo para poder estar listos para tener el evento en Septiembre 14 como lo tenemos programado en Dallas.

Gracias a Dios... y a ustedes, todo marcha como debe ser, decía Santiago.

Solo como una revisión me gustaría estar seguro en los aspectos incluidos en la oferta de parte de nuestra organización para cada una de dichas empresas, decía Santiago:

- No "exclusividad"
- Calidad comprobada
- Capacidad eficiente en distribución
- Plan de compensación
- Reforma al contrato
- Periodo del contrato
- Bonificaciones
- Soporte financiero para el evento
- Fecha de iniciación para asegurar abastecimiento
- Cláusulas de rescisión del contrato
- Pólizas de compensación por negligencia.

Queridos amigos... es de suprema importancia ser de lo más estricto en el cumplimiento de cada uno de estos aspectos... Recuerden que dependen de nuestras acciones, las mejoras en el bienestar de muchas familias.

Asimismo, me gustaría saber que avances hemos logrado en la participación de más profesionales exitosos en la enseñanza para nuestros miembros en las otras áreas del bienestar:

La salud física y emocional; y las relaciones con las demás personas.

Claro, decía Juan, estamos en conversaciones con 2 escritores famosos en México, el Sr. Carlos Moctezuma y Don Miguel. Asimismo, aquí en los EEUU el Dr. Dispensa tiene interés en presentar su taller para nuestra gente.

¡Seria excelente, decía Santiago…poderles traer a nuestros asociados, la oportunidad de formarse con estos grandes maestros!!

Pues en marcha mis queridos amigos, hay que consultar nuestras agendas y coordinar de la forma más conveniente cada una de estas presentaciones.

Capítulo 20
La respuesta al gobierno federal

Saúl, tengo entendido que ya se terminó el "borrador" de la respuesta por escrito que le daremos al gobierno federal a su invitación? Preguntaba Santiago.

Así es Santiago, decía Saúl, con la participación de Juan y Vivi, un servidor y algunos líderes en nuestra organización, creemos que lo siguiente seria nuestra respuesta, vamos a revisarlo y por favor siéntete libre de sugerir los cambios que consideres pertinente.

Estimado Mr. Price:

En verdad es un honor haber recibido de Ud. Y el gobierno de los Estados Unidos de Norteamérica la invitación para que nuestra organización Círculos Pro Bienestar Total pase a formar parte como uno de los programas que su departamento pone a la disposición de los ciudadanos de este grandioso país.

Sin lugar a dudas, es una distinción importantísima y nos halaga el recibirla, sin embargo, creemos que es necesario mantenernos independientes no solo del gobierno de los EEUU, sino de cualquier otro gobierno de cualquier país en el mundo.

La propuesta que nosotros traemos para el ser humano, es una propuesta que aplica para cada una de las personas, independientemente de a qué país pertenezca.

Los objetivos de nuestra organización no pueden estar supeditados a las directrices de ningún gobierno, ya que desgraciadamente, actualmente las circunstancias de cada uno de los países se encuentran tan dispares que los intereses sobre los cuales trabajan, también son tan dispares que sería casi imposible conciliarlos.

Estamos dispuestos a mantenerles informados de todos y cada una de nuestras acciones y avances, como huéspedes de este gran país, pero indudablemente, el mantenernos autónomos en nuestro funcionamiento, es algo ineludible.

Con agradecimiento y respeto.

Sinceramente

Círculos Pro Bienestar Total

¡Excelente!! ¡Excelente!! Saúl, no creo que pudiera haberse hecho mejor, gracias a Dios y la inspiración que les fue otorgada…muchas gracias. Exclamo Santiago

Estoy seguro que la democracia dentro de la cual este país funciona, les dará la aceptación a los funcionarios del gobierno a nuestra respuesta.

Capítulo 21
Los líderes para el mundo

Ese día del 27 de junio por la mañana al llegar Santiago a las oficinas de Círculos, en la sala de reuniones lo esperaban Saúl, Juan y Vivi con la alegría reflejada en sus rostros y ansiosos de iniciar la reunión matutina como cada día

Como amanecieron mis queridos amigos, les saludaba Santiago. ¿Qué de nuevas hay? ¡Por la alegría en sus rostros creo que amanecimos con muy buenas noticias!!

Así es mi querido Santiago. Contesto Saúl, efectivamente tenemos muy buenas noticias y queremos iniciar con la carta que acabamos de recibir de parte del nuevo presidente en este gran país, los EEUU.

A los funcionarios de Círculos Pro Bienestar Total:

Con alegría y satisfacción de saber que existen personas integradas en una organización como la vuestra, me permito ratificarles nuestra aceptación de su respuesta a nuestra invitación.

Entendemos perfectamente la explicación que nos han dado y queremos desearles la mejor de las suertes en su empeño de mejorar las vidas del ser humano a través de todo el mundo.

Nuestro apoyo y referencia incondicional a su misión de vida.

Atte. Donald T. Presidente de los EEUU

En verdad que esta carta ocupara un lugar muy especial entre los tesoros de nuestra organización, comento Santiago.

La aceptación de un gobierno como los EEUU a las actividades que desarrollamos serán un respaldo inigualable...dijo Saúl.

Por otro lado, queremos confirmar que ya tenemos el registro de 25 líderes de diferentes ciudades en la frontera con México que están ansiosos de vivir la experiencia y entrenamiento que tiene Círculos reservado para ellos durante la semana del 15 al 21 de agosto.

Las conferencias de los maestros invitados para el penúltimo día del evento ya están confirmadas también.

En verdad que es una verdadera bendición, comentaba Santiago.

La formación de estos 25 líderes, serán la plataforma para alcanzar al mundo.

Serán los líderes que llegarán a todo el mundo con la experiencia de estar conviviendo como una comunidad siendo vecinos de países distintos, México y los EEUU, y que a través de su relación darán a conocer que vivir en unidad es posible, cuando se cuenta con la disposición y el amor necesarios para lograrlo.

Capítulo 22

El Gran Evento

Estimados amigos, todo está dispuesto para llevar a cabo el gran evento que tenemos programado para el 14 de septiembre, decía Santiago.

El registro pagado de 4,325 personas nos da la certeza que el evento será todo un éxito.

Las 3 empresas que expondrán sus productos y sus sistemas de trabajo ya se encuentran dispuestos, después de haber firmado sus respectivos contratos de patrocinio.

El evento titulado "La Libertad Financiera" esta que "arde" por iniciar.

Después de todos estos años, más de 8 de haber iniciado con este sueño, comentaba Saúl, está a punto de iniciar y cambiar las vidas de miles de personas alrededor del mundo.

Este evento significa solamente el inicio de lo que vendrá a ser verdaderamente el sistema para el desarrollo social y económico que nos merecemos, decía Santiago.

Cuando las personas, el ser humano ha conquistado y derrotado los obstáculos que le evitaban vivir en plenitud, la magia que se dará con la bondad y creatividad que le caracteriza como ser humano creado por el supremo, vendrá al fin dado el "salto cuántico" en la evolución, que le permitirá vivir en la tierra el "reino" del cual Jesús nos habló. Decía Santiago.

La humanidad se encuentra aún como muchos de ustedes habrán escuchado, con los "dolores de parto" que dará a luz a la "nueva humanidad".

Una nueva humanidad en la que los defectos de la avaricia, la envidia, el odio, la indiferencia, la ansiedad, el miedo y los excesos han dejado de existir y tener sentido, porque al fin el ser humano ha reconocido que todo le pertenece y existe en abundancia, decía Juan.

Con lágrimas en los ojos Vivi compartía. Me siento muy emocionada decía. El ver ahora todo lo que está sucediendo, renueva en mí aquella certeza y esperanza que a través de mi familia me habían transmitido.

Mi familia fue una comunidad de fe.

Durante mi infancia lo que yo percibí de mis padres y familiares fue que Dios era bueno.

Sin embargo, en la lucha en la cual me "embarque" en mi experiencia de la vida, en la relación con mi esposo y mis ideales para progresar en la vida me fue enfrentando ante una sociedad fría en la que tenías que competir para ganar y que solamente el "más fuerte" tendría posibilidades de progresar, me alejó de aquello que había recibido de mis padres.

Ahora con todo esto que Dios me ha permitido vivir a través de Círculos Pro Bienestar Total, mis esperanzas de la infancia se renuevan. Decía Vivi.

Así es mis queridos amigos y compañeros de misión de vida, decía Santiago.

La vida fue creada para vivir en plenitud.

La vida fue creada para vivir en unidad.

El UNO exploto de magnificencia cuando dio origen al Universo, que, a pesar de la variedad en esa creación resultante, la esencia permanece en cada una de sus partes.

Una nota del autor

La propuesta que con la gracia de Dios se me ha permitido plasmar en este libro, es una propuesta que trasciende los límites de la "utopía".

Es una propuesta perfectamente alcanzable y disponible para todo ser humano. Desde el bebé recién nacido, hasta aquellos de la tercera edad en donde el uno, con su total inocencia, y el otro con su sabiduría alcanzada a través del tiempo y la experiencia, comulgarán con esta propuesta.

El bienestar total, es un anhelo generalizado en todo ser humano. Sin importar nacionalidad, raza, lenguaje ni posición geográfica, desde el miembro de las civilizaciones perdidas de las amazonas, hasta la persona más desarrollada sobre la faz de la tierra.

El promover o procurar el bienestar en el otro que presentamos en Círculos, es lo que por añadidura nos lo traerá a nosotros.

Al hacerlo de esta manera, evitamos las tendencias de la ambición, la envidia y el control al que nuestro ego nos impulsa y nos mantienen distantes, y lo sustituimos por el amor que todo lo puede y nos conduce a experimentar la unidad.

AGRADECIMIENTOS

Agradezco profundamente a todas aquellas personas que a través de su "empuje" y perseverancia siempre estuvieron pendientes de la publicación de esta obra.

Muy especialmente quiero agradecer a la poetisa Belkis Cuza Malé, escritora cubana y amiga de más de 20 años quien con su paciencia y sabiduría, se ofreció para revisar y editar este libro…Dios te bendiga Belkis.

A mi amigo de toda la vida el Contador Sergio Arturo Puerto Borges y a quien considero no un amigo sino un hermano, ya que hemos convivido prácticamente toda la vida, por haber tomado el tiempo y leer esta obra antes de su publicación para brindarnos su comentario y promover en su periódico Novedades News el lanzamiento de Círculos Pro Bienestar Total.

A nuestro querido Pastor David Chávez, también por su comentario en esta obra y por toda la fuerza moral que siempre nos ha brindado a mí y a toda mi familia.

A todos los miembros y amigos en la organización Círculos Pro Bienestar Total por mantener el sueño y representar la parte real de esta propuesta.

Y con especial dedicación para mi gran amigo Saúl Rodríguez y su familia al ser parte integral de esta aventura.

Y con mi corazón en la mano agradezco profundamente a mi bella esposa Yadira, ya que siempre estuvo ahí pendiente de los avances de esta obra.

Fue la primera persona que leyó la obra completa y después de eso con esa enorme sabiduría y amor que le caracteriza se brindó a escribir el tan hermoso prólogo del libro.

Y con especial agradecimiento a mi padre Dios, por siempre mantener vivo su amor y su presencia en mi vida a través de mi conciencia.

Información de nuestra Organización:
Círculos Pro Bienestar Total
Oficinas en:
5817 Westcreek Dr.
Fort Worth, Texas 76133
Tels: 817-361-2546 / 817-368-3781
Fax: 817-292-7656
Correo electrónico: probien7@yahoo.com

A ti querido amigo, amiga y compañeros de vida, que en estos momentos te encuentras leyendo esta contraportada, te doy una calurosa y respetuosa bienvenida a nuestra organización: Círculos Pro Bienestar Total.

Con los brazos y el corazón abiertos te integramos para que prosigas con cada uno de nosotros esta jornada que ahora tu inicias, y que hemos nosotros mantenido desde el 2008.

Nosotros nos mantenemos cada día, con la decisión firme de vivir un estado de bienestar total con salud física y emocional, a través de relaciones enriquecedoras con los que nos rodean y en medio de una abundancia que nuestro padre Dios ha dispuesto para todos sus hijos.

Que disfrutes la lectura de esta obra, y que se impregne en tu corazón la esencia que te inspire para que derrames bienestar para todos y cada uno de tus seres queridos.

Santiago & Yadira García

CPSIA information can be obtained
at www.ICGtesting.com
Printed in the USA
BVHW03*0835310718
523162BV00002B/5/P

9 781506 525648